적당히 느슨하게 조금씩
행복해지는 습관

지은이 **바쿠@정신과의**

학창 시절 집단 괴롭힘을 당한 후 마음의 안식처를 찾다 알게 된 스쿨 카운슬러를 꿈 꾼 적이 있다. 이후 의사가 되기로 결심하고 의대에 진학했지만 의사 연수 중 아버지 의 죽음을 겪으며 상실감으로 인해 의사의 길을 포기하려 했다. 그때 선배 정신과 의 사의 도움으로 '제2의 의사 인생'을 시작했다.

현재는 양극성 장애와 조현병, 성격장애 등의 환자가 많은 급성기 정신 병동에서 근무 하면서 '더 알기 쉽고 오해 없는 정신과 의료 알리기'를 목표로 의료 종사자, 환자, 기 업을 대상으로 강연을 하고 있다.

정신과 의사이자 ADHD, 우울증 환자이기도 한 그는 어떻게 하면 적당히 사회에 녹 아들어 문제없는 사회인으로 살아갈 수 있을지 고심한 끝에, 남의 눈을 의식해서 나를 바꾸지 않고도 조금씩 삶을 바꾸는 '40가지 멘탈 보호법'을 터득했다. 사소하지만 도 움이 되는 현실 조언으로 트위터상에서 큰 공감과 화제를 불러일으켰다. 직접 효과 본 방법들을 병원을 찾아온 내담자들에게도 권하고, 더 많은 사람과 나누기 위해《적당 히 느슨하게 조금씩 행복해지는 습관》을 썼다.

IKIZURAI GA RAKUNINARU MENTAL RENSHUCHO

by Baku@Seishinkai
Copyright © 2021 Baku@Seishinkai
Korean translation copyright © 2023 by Bookie Publishing House
All rights reserved.
Original Japanese language edition published by Diamond, Inc.
Korean translation rights arranged with Diamond, Inc. through Lanka Creative
Partners co., Ltd. (Japan) and Danny Hong Agency (Korea).

적당히 느슨하게 조금씩
～～～～ 행복해지는 습관

우울증에 괴로워해 본 정신과 의사의
나를 바꾸지 않고도 삶을 바꾸는
40가지 멘탈 보호법

바쿠@정신과의 지음
김윤경 옮김

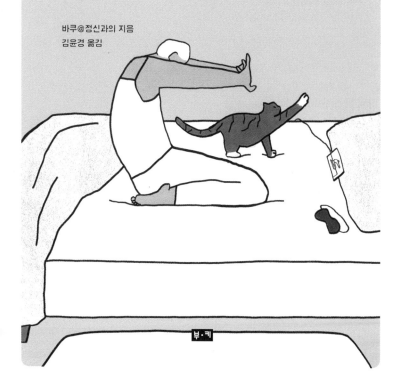

부·키

옮긴이 김윤경

일본어 번역가. 다른 언어로 표현된 저자의 메시지를 우리말로 옮기는 일의 무게와 희열 속에서 오늘도 글을 만지고 있다. 옮긴 책으로는 《철학은 어떻게 삶의 무기가 되는가》《니체와 함께 산책을》《도망가지도 나아가지도 못하는 당신에게》《왜 일하는가》《일을 잘한다는 것》《어떻게 살아야 하는가》《불안의 철학》《나는 치매 의사입니다》《뉴타입의 시대》《어느 날, 네가 내 죽음에 들어왔다》《오늘 밤, 세계에서 이 눈물이 사라진다 해도》등 70여 권이 있으며 출판번역 에이전시 글로하나를 운영하고 있다.

**적당히 느슨하게 조금씩
행복해지는 습관**

2023년 1월 11일 초판 1쇄 발행

지은이 바쿠@정신과의 | **옮긴이** 김윤경 | **발행인** 박윤우 | **편집** 김동준, 김송은, 김유진, 성한경, 장미숙 | **마케팅** 박서연, 이건희, 이영섭 | **디자인** 서혜진, 이세연 | **저작권** 백은영, 유은지 | **경영지원** 이지영, 주진호 | **발행처** 부키(주) | **출판신고** 2012년 9월 27일 | **주소** 서울 서대문구 신촌로3길 15 산성빌딩 5-6층 | **전화** 02-325-0846 | **팩스** 02-3141-4066 | **이메일** webmaster@bookie.co.kr | **ISBN** 978-89-6051-965-7 03190

만든 사람들
편집 김송은 | **디자인** 이세연 | **표지 일러스트** 곽명주

이 책을 펼쳐 든 여러분은 아마도

이런저런 고민과 불안을 느끼며

삶의 괴로움을 안고서 살아가고 있겠지요.

'이렇게 되면 좋을 텐데' 하는 것들은 또 왜 이리 많은지

그러면 안 된다는 걸 알면서도 자꾸 남과 비교하며

스스로 무너져 내리고 있는지도 모르겠습니다.

분명히 열심히 산 것 같은데 돌아보니 남은 것이 없다고 느껴지시나요?

삶의 괴로움이 꼬리에 꼬리를 물고 이어지다가

문득 이런 생각이 드는 건 아닌지요…….

'지금까지 내 인생은 대체 뭐였던 걸까?'

고달픈 삶을 행복한 삶으로
바꾼 사람들이 실천한 한 가지

취준생, 회사원, 주부, 학생, 정년퇴직한 고령자……

각자 저마다의 입장에서 다양한 역할을 하는 분들이 괴로움과 상실감에 휘청거리며 제 진료실을 찾아옵니다. 병이라고 진단할 정도가 아닌 경우에는 상황을 잘 설명한 뒤에 돌려보내지만, 그중에는 '우울증' '적응 장애'와 같은 진단을 받고 약을 먹어야 하는 경우도 있습니다. 요즘은 아무런 대책 없이 무방비 상태로 살아가면 누구라도 덜컥 병에 걸릴 수 있는 세상이 되었다고 해도 과언이 아닙니다.

신문과 라디오밖에 없던 시절에 비하면, 오늘날 우리가 얻을 수 있는 정보의 양은 헤아릴 수 없을 정도로 방대해졌습니다. 정보가 흘러넘치는 일상을 살아가기 힘들다고 느끼는 사람은 비단 여러분만이 아닐 겁니다.

하지만 왠지 주변에는 매일 즐겁고 하나같이 행복한 얼굴을 한 사람들로 가득한 것 같지 않나요?

- 당신이 영 껄끄러워하는 상사와도 잘 어울리고 업무 성과도 척척 올리는 사람
- 이상적인 배우자를 만나 영화처럼 멋진 인생을 만끽하는 사람
- 스트레스 없이 원하는 일을 마음껏 하면서 자신만의 라이프스타일을 실현하는 사람

나답게 살아가려면 어떻게 해야 할까? 나를 바꾸려면 어떻게 해야 할까? 사고를 긍정적으로 바꿔 주는 마법의 말이 없을까? 많은 사람이 고민합니다.

요즘 같은 정보 과잉 시대에 이러한 고민을 해결해 줄 법한 방법론은 그야말로 밤하늘에 빛나는 별의 수만큼이나 세상에 넘쳐흐릅니다. 인터넷을 뒤적여 금세 얻을 수 있는 방법들을 찾아 모조리 시도해 봤지만, 그리 쉽게 나의 모습이 바뀌지 않습니다. 그래서 초조해지고 고민하는 것이지요. 하지만 고민할 필요가 없습니다. 애초에 여러 방법론에 휘둘려 고통스러운 노력을 스스로 강요하는 사고방식에서 벗어나 이제 그만 자유

로워져야 합니다.

　행복해 보이는 사람들이 실천해 온 단 한 가지는 '행복해질 수 있는 자신'으로 탈바꿈하는 것도, 모든 장애를 물리치고 '나다움'으로 일관하는 것도 아닙니다. 그것은 바로, 이 살기 힘든 세상에서 **지나치게 자기 생각만 고집하지 말고 주위에 적당히 녹아들 수 있는 요령을 익히고 실천하는 일**입니다.

　이 책에서는 그 비법을 '**의태**擬態'라고 부르겠습니다. 의태란, 가령 나비가 다른 생물에게 잡아먹히지 않으려고 나뭇잎과 똑 닮은 모습이 되거나 카멜레온이 적의 눈에 띄지 않게 주위 자연과 똑같은 색으로 변신해 공격을 피하는 행동을 뜻합니다.

　누구나 크든 작든 괴로움을 안고 살아갑니다. 다만, 겉으로는 이 사회에서 무리 없이 잘해 나가고 있는 모습을 보이려고 **의태**하면서 세상에 적응하고 있는 것이지요.

　갖가지 일로 괴로움을 느끼는 사람은 어떻게 하면 주위에 녹아드는 **의태**를 잘 해낼 수 있을지를 궁리하지 않고, 문제에 직접 부딪혀 대응하려다 보니 지쳐 쓰러지는 경우가 많습니다. 여러분도 노련한 방법으로 **의태**할 수 있게 된다면 그동안 끙끙 앓았던 고민은 대부분 별것 아닌 일로 넘길 수 있게 됩니다. **의태**를 잘하면 인간관계가 적어도 '그저 괴로운 것'이 아니게 될뿐더러 주위 사람들의 이해와 도움도 받을 수 있습니다. 그렇게 조금씩 인생이라는 거친 바다를 버티고 견뎌 낼 수 있게 됩

시작하며

니다. 배가 뒤집히지 않고도, 즉 당신의 감정이 뒤엉켜 흔들리지 않고도 앞으로 나아갈 수 있는 거지요.

상사의 신뢰를 한 몸에 받으며 일을 성공적으로 잘 해내는 사람도 어쩌면 진짜 속으로는 그 상사를 무척이나 싫어할지도 모릅니다. 이상적인 배우자를 만나 남부러울 것 없어 보이는 사람도 사실은 상대에게 불만을 잔뜩 품고 있을지도 모르는 일이지요.

자신답게 살아가는 듯 보이는 사람일수록, 그만큼 하고 싶지 않은 일을 하면서 남들보다 두 배 더 노력하고 있는지도 모릅니다. 실제로 사람의 본심이란 겉으로 봐서는 거의 알 수가 없습니다. 다만 그들은 사회 안에서 본심을 내비치지 않으려고 능숙하게 **의태**하며 쓸데없는 스트레스와 거리를 둠으로써 쾌적한 삶을 손에 넣고 있는 것이지요.

사는 게 힘든 사람과 그렇지 않은 사람의 차이는 오직 그뿐입니다.

제가 여러분에게 전하고 싶은 메시지는 바로, **의태를 쉽게 하기 위한 노하우**입니다. 사람의 성격이나 사고방식, 본성은 그리 쉽게 바뀌지 않습니다. 하지만 **의태라면 자신을 근본부터 바꾸지 않아도 됩니다.** 그럼 조금은 수월하게 해 볼 수 있을 것 같지 않나요?

저 역시 **의태**할 수 있게 되면서 살아가기가 상당히 편해졌습니다. 고백하자면, 저도 아프고 괴로운 삶을 살아왔습니다. ADHD(주의력결핍과다활동장애)라는 발달 장애가 있어서 여러 가지 문제가 늘 저를 따라다녔지요.

- 부주의로 인한 실수가 잦다
- 정신이 산만해서 작업에 집중하기 어렵다
- 하고 싶은 일이나 흥미 있는 일에는 과하게 몰입하는 경향이 있다
- 물건을 잘 잃어버리고 어딘가에 놓고 오기 일쑤다
- 청소와 정리 정돈을 못 한다
- 시간 배분이 어려워 툭하면 지각한다
- 순서대로 일정을 짜거나 일 내용을 체계적으로 정리해 계획 세우기가 어렵다

이러한 증상이 뇌의 기질적인 문제로 인해 발생한다는 사실을 최근 몇 년 사이에 알게 되었는데 이는 정신력으로 어찌할 수 있는 문제가 아니었습니다. 하지만 그런 사실을 몰랐던 저는, 크고 작은 문제를 끊임없이 일으킨 탓에 결과적으로 사회생활에 막대한 지장을 빚곤 했습니다.

지금까지의 인생을 되돌아보면, 친구의 결혼식 날짜를 착각해 참석하지 못 한 적도 있고 대학 입시나 국가시험에 지각할 뻔하기도 했으며 깜빡 잊고 수험표를 가져가지 않은 일도

있었습니다. 늘 주위 사람들에게 "정신줄을 어디다 놓고 다니냐"는 꾸중과 질책을 수없이 들었습니다. 하지만, 어떻게 노력해야 다른 사람들처럼 평범해질 수 있는지 전혀 알 수가 없었지요.

게다가 사람의 얼굴을 제대로 분별하거나 인식하지 못하는 안면인식장애(얼굴실인증)와 글자를 읽을 때 순간적으로 거울 문자처럼 거꾸로 인식하는 장애(숫자 2와 5를 순간 잘못 보거나 아날로그 시계의 25분과 35분이 헷갈리기도 함)도 있어서 일상생활이 힘들 때도 있습니다.

뜻하지 않게 저는 주위 사람들에게 종종 폐를 끼쳤습니다. 사람들이 제 행동을 자연스럽게 받아들이고 함께 즐겁게 일해 보자고 나서지 않는 건 어찌 보면 당연합니다. 제가 고립될 수밖에 없는 상황도 이해할 수 있습니다.

그런 상황 속에서도 어떻게든 노력해서 의사가 되었지만, 일에서도 사생활에서도 온갖 문제들이 시도 때도 없이 일어나는 건 어쩔 수가 없더군요. 제가 원래 여러 가지 상황에 대응하는 걸 힘들어하는 사람인데다 의사의 업무라는 새로운 과제까지 더해졌으니 완전히 역량이 초과돼 버린 것이죠. 일 처리할 때 삐걱거릴 수밖에 없었고 전부 다 완벽히 해내지 못한다는 생각에 우울증이 생겼습니다. 급기야는 휴직까지 하는 상황에 이르렀지요.

지금처럼 책을 쓸 수 있을 정도로 회복될 거라고는, 당시에 전혀 생각하지 못했습니다. 제 증상을 있는 그대로 설명해서 주변 사람들에게 이해를 구하겠다고 시도했다가 실패했던 것이 저를 힘들게 했다는 것을 이제는 잘 알고 있습니다. 상대에게 있는 그대로의 나를 받아 주길 바라다가는 갖가지 일들이 생각처럼 되지 않아 좌절할 수밖에 없습니다.

그래서 저는 생각과 행동을 바꿨습니다. ADHD와 우울증으로 처방받은 약을 빠짐없이 복용하면서 항상 저 자신을 관찰하고 있습니다. 내가 어떤 특징을 갖고 있는지 스스로 철저히 파악해서 어떻게 하면 주위 환경과 타협점을 찾을 수 있을지 궁리하고 업무에 지장이 생기지 않게 나름대로 기억을 상기하는 방법을 터득했습니다. 그 방법을 꾸준히 익혀 사회 속에서 의태하며 지금은 문제없는 사회인으로서, 정신과 의사로서 매일을 살아가고 있습니다.

자신이 아무것도 하지 않으면서 주변 사람들에게 있는 그대로 이해받고 스트레스 없이 지낼 수 있는 완벽한 사람은 이 세상에 없습니다. 그 이상적인 상태를 목표로 살아가려고 하면 누구나 힘들어질 게 분명합니다.

저 역시 지금 모든 일이 문제없이 잘 되기만 하는 것은 아닙니다. 하지만 남들처럼 소소하고 적당한 행복을 손에 넣을 수 있는 정도는 되지 않을까 생각합니다. '소소하고 적당한 정도'

를 이해할 만큼 이제는 제 인생을 비관하는 횟수가 줄어든 것이지요.

불과 몇 년 전까지만 해도 자존감이 너무 낮아서 휴직을 선택하게 되었을 때는 '난 아무것도 할 수 없다'고 이불을 뒤집어쓴 채 절망에 빠져 있었습니다. 그런데 지금 여기까지 올 수 있었던 것은 '목표를 적절하게 다시 설정'했기 때문입니다.

지금 이 책을 들춰 보고 있는 여러분도 자신이 느끼는 고민과 괴로움의 원인이 과연 무엇이며 어떻게 이해하고 대응해야 하는지를 약간만이라도 알아낼 수 있다면 살아가기가 조금은 수월해지지 않을까요?

이 책에서 말하는 모든 내용은 본질적으로 매우 간단합니다. 하지만 계속 읽다 보면 분명히 '이건 어려워'라든가 '나에겐 좀 무리야' 하는 내용도 있을 거예요. **당장 실천할 수 없는 일은 우선 그냥 내버려 둬도 괜찮습니다.**

책 한 권을 읽는다고 인생의 근간이 되는 사고방식과 습관이 단번에 바뀌기는 상당히 어렵습니다. 그저 잠시라도 '이런 사고방식도 있구나!' 하는 정도로 대충 훑어보고 불현듯 마음이 내킬 때, '내가 할 수 있는 일부터 시작해 볼까?' 하고 마음먹을 수 있다면 이미 커다란 변화의 방아쇠에 손가락을 올린 것이나 다름없습니다.

정신과 치료도 마찬가지지만, 무리하지 말고 작은 성공 체험을 하나씩 차근차근 쌓아 가는 일이야말로 살아가는 데 필요한 사고방식을 바꿔 나갈 수 있는 손쉬운 비결입니다.

여러분은 지금 이 책을 읽으려는 마음이 생긴 것만으로도 이미 하나의 벽을 넘고 있습니다. 그러므로 이제 한 걸음씩 적당히 느슨한 삶을 살기 위한 습관을 늘려가기만 하면 됩니다. 아무쪼록 가벼운 마음으로 뒷장을 넘겨 주시길 바랍니다.

시작하며   고달픈 삶을 행복한 삶으로 바꾼 사람들이 실천한 한 가지   008

1장   나는 왜 사는 게 힘겨울까?

최악을 상상하면 현실은 그보다 나을 거라는 착각   023

타인의 가치관에 맞추려 할수록 삶은 더 피폐해진다   028

남의 시선을 의식하느라 '좋아하는 것'을 왜곡하지 말자   031

다른 사람의 행동을 기준 삼아 나의 행동을 결정하지 말 것   035

맞지 않는 일이라면 그만둘 용기도 필요하다   038

회사 사람들과 잘 지내려고 무리하지 않아도 된다   042

죽고 싶을 정도로 괴롭다면 마음의 병이 있을지도 모른다   048

인류가 나 한 명뿐이라면 지금의 고민이 여전히 유효할까?   051

2장   행복과 불행을 결정짓는 한 끗 차이

질투하기를 멈추면 편해질 수 있다   057

타인을 등급 매기며 나의 품위를 낮추지 말자   060

남부러울 것 없어 보이는 사람도 저마다 고민이 있다   066

"남은 남, 나는 나"라고 주문 외우기 068

지금부터라도 자기 부정 멈추기 071

후회는 경험하고 난 뒤에 해도 늦지 않다 075

조금이라도 하면 조금씩 달라질 수 있다 079

실패는 끝을 의미하지 않는다 083

'질리는 심리'를 이용해서 공포심과 불안감 이겨내기 088

일단 실패하고 나서 생각하자 092

한 번 새로운 사고를 받아들이면 사고 전환이 빨라진다 096

인간은 모두 평등하다는 거짓말 099

주어진 조건 안에서 지금보다 더 나아지는 방법 103

좀 게을러도 괜찮아 105

힘들게 고생하는 것은 미덕이 아니다 109

아무리 사소한 일에서도 만족감을 얻을 수 있다 111

본성은 바뀌지 않지만 살아가는 방식을 바꿀 순 있다 114

과연 '나다움'이란 무엇일까? 119

3장 나를 지키면서 세상에 적응하기 위한 습관

습관1 무리하지 않는 선에서 가면 쓰기 125

습관2 지금 당장 버려야 할 세 가지 부정의 단어 130

습관3 자주 쓰면 좋은 긍정의 단어 139

습관4 나를 바꾸는 일을 이해득실을 따져 그만두지 말 것 141

습관5 '일단 5분만' 해 보자 145

습관6 오늘 좋았던 일 기록하기 147

습관7 부정적인 감정을 일단 종이에 써 볼 것   149

습관8 칭찬에 너그러워지자   151

습관9 지금 느끼는 감정을 솔직히 받아들이기   153

습관10 무조건 인사 작전을 쓴다   155

습관11 상대의 말을 들은 순간에 즉시 답하지 마라   158

습관12 분노 상황을 반복해서 시뮬레이션해 보기   160

습관13 이것저것 생각하지 말고 잠을 잔다   163

습관14 배려를 바라기 전에 배려해 주고 싶은 사람이 되자   165

습관15 처음부터 나의 결점을 터놓고 나서 부탁한다   167

습관16 부정적인 말을 들었을 때 '뇌내 회의' 열기   169

습관17 자기 자신을 마음껏 격찬해 주자   172

습관18 사고가 정지했을 땐 다른 인격 장착하기   175

습관19 동경하는 사람이 눈앞에 있다고 상상하는 놀이를 한다   178

습관20 쓸데없는 소문은 인생에서 배제하라   183

습관21 때로는 '도망'과 '포기'도 필요하다   187

4장   적당히 느슨하게 살아가기 위한 습관

습관22 빵 반죽을 치대면서 짜증을 해소한다   191

습관23 나를 돌아보는 셀프 모니터링 도입하기   194

습관24 하루가 의미 없었다면 왜 그런지 이유를 적어 보자   199

습관25 내 마음을 만족시키는 것으로 가득 채우기   202

습관26 소문에 휘둘리지 말 것   204

습관27 남의 뒷말이나 험담은 그저 흘려보내면 된다   207

습관28 즐거움을 위한 적당한 지출을 허용하라   214

습관29 정기적으로 나를 돌본다   219

습관30 칭찬한 사람의 마음을 부정하지 말 것   224

습관31 기쁨과 감사의 말을 들었다면 역시 표현해 주자   229

습관32 남몰래 하는 '좋은 사람 놀이'   231

습관33 칭찬받을 줄 알아야 칭찬도 할 수 있다   234

습관34 내가 듣고 기뻤던 칭찬을 상대에게도 해 준다   236

습관35 가까운 사람과 서로 '가면 속의 민낯'을 자주 바라보자   238

습관36 웃는 표정의 가면 쓰기   242

습관37 원치 않는 배려는 독이다   245

습관38 나의 상식으로 다른 사람을 보지 말 것   249

습관39 '그 사람만 없었더라면' 하는 생각을 버려라   251

습관40 인생에서 가장 소중한 것은 '나'라는 사실 명심하기   254

마치며 **인생에 승패란 없다**   259

추천의 글   261

1장

나는 왜
사는 게 힘겨울까?

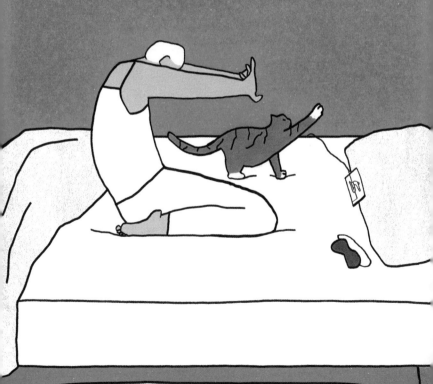

"

조금이라도 싫고, 괴롭고, 그만두고 싶다면
당신에게는 '도망칠 권리'가 있습니다.
고통스러운 일에서 도망치는 것도 당신이 할 수 있는,
스스로를 지키는 방법 중 하나입니다.

"

최악을 상상하면
현실은 그보다 나을 거라는 착각

제 진료실에는 남녀노소 할 것 없이 일상생활에서 고달픔과 괴로움을 느끼는 분들이 찾아옵니다. 지금까지 적어도 2만 명이 넘는 분들이 진료를 받으러 왔는데, 그들이 힘들어하는 원인을 분석해 보면 크게 다음의 유형으로 나눌 수 있습니다.

- 일어나지 않은 나쁜 일을 상상하고 미래를 불안해한다
- 타인의 가치관과 사람들의 이목에 지나치게 신경 쓴 나머지 자신의 중심축을 잃는다
- SNS 등에서 본 멋진 삶을 사는 사람과 자신을 비교하고 질투와 열등감에 사로잡힌다

- 인간관계에서 스트레스를 느낀다
- 병과 관련되어 있다

제가 지금껏 겪은 경험을 토대로, 실제 있을 법한 가공의 환자 사례를 섞어서 이야기해 보겠습니다.

오지 않은 미래의 두려움이
현재를 괴롭게 만든다

사람은 누구나 이런저런 나쁜 생각이 멈추지 않을 때가 있습니다. 하지만 그 사고가 미친 듯이 내달려서 자신이 상상한 공포에 잡아먹힐 때 마음의 병이 움트는 것이지요.

코로나19가 세상을 휩쓸기 시작했을 무렵, '스스로 최악의 이미지 트레이닝'을 하다 결국 쓰러지고 만 A씨가 있었습니다.

당시 코로나19는 완전히 미지의 바이러스였기에 감염 예방 대책에 대한 올바른 정보가 없었습니다. 마스크와 소독약도 부족하던 때였는데 A씨는 사람들과 접할 기회가 많은 창구 접수 업무를 담당하고 있었습니다.

직장에는 사람 사이를 차단하는 아크릴판이 설치되었고 A씨는 면 마스크를 직접 만들어 쓰기도 했지만, 언제 코로나에 걸릴지 모른다는 걱정에 불안감은 점점 더 커졌습니다. 일하다가 코로나에 걸리면 같이 살고 있는 가족에게 옮길지도 모른다는 생각에 퇴근하는 일조차 스트레스가 되었지요. 집으로 돌아가는 길에 어쩔 수 없이 지나야 하는 역 등 많은 사람이 모이는 공공장소를 거쳐 가는 것도 감염 위험이 크다고 생각해 발작적이다시피 호텔로 향했고 그곳에서 출퇴근하기도 했습니다. 하지만 호텔 생활에도 적응하지 못해 밤이면 좀처럼 잠들지 못하는 날이 계속되었고, 결국은 건강마저 나빠져 본가로 돌아갈 수밖에 없었지요. 본가에 가서도 이런저런 상상에 시달리느라 여전히 잠을 이룰 수 없었습니다.

'업무로 마주 보고 얘기하던 고객이 코로나에 걸렸다면?' '동료가 코로나에 걸린 건 아니었을까?' 생각해 봐야 별 뾰족한 수도 없는 일들이 A씨의 머릿속을 가득 채웠고 스스로 멈추지도 못하는 지경까지 이르렀습니다. 마침내 가족의 손에 이끌려 병원에 왔지요.

오늘 멈춰도 늦지 않다

정신과에는 이러한 불안 증상으로 진찰을 받으러 오는 사람이 상당히 많습니다. 누구나 크든 작든 '앞으로 이런 일이 생기면 안 되는데' 하고 상상할 때가 있을 겁니다. 하지만 그 상상 정도가 지나쳐, 일어나지도 않은 미래를 두려워하며 불안에 짓눌리는 상태를 정신과에서는 공상적인 정신병성 불안, 즉 **예기불안** anticipatory anxiety이라고 합니다.

A씨는 현재를 뛰어넘어, 일어날지 확실하지도 않은 어두운 미래를 상상하고 지레 그 공상에 사로잡혀 지금 해야 할 일에도 집중할 수 없는 상태가 된 것입니다. 물론 이 사례는 극단적이기는 하지만 누구나 갖고 있는 성향이기도 합니다. A씨는 원래 매사를 비관적으로 생각하는 경향이 있어서, 가장 나쁜 상태를 상상해 두면 그것보다 심한 상황은 벌어지지 않을 거라고 여기고 평소에도 최악의 상황을 예상하며 생활해 왔다고 합니다.

의외로 많은 사람이 '최악의 상황을 상상해 두면 현실은 그것보다 나을 것'이라는 발상을 '괴로운 인생에 대한 대비책'으로 생각합니다. 하지만 이런 사고 습관을 지니고 생활하는 것은 그다지 권하고 싶지 않습니다. 만약에 한순간 이 사고의 균형이 무너지면 자신의 나쁜 생각에 사고가 점령당할 위험이 있으니까요. 실제로 사람들은 대부분 미래를 상상할 때 좋지 않은 방향으로 생각이 내달리는 경향이 있습니다.

'오늘 집을 나섰다가 뜻밖에도 집 앞에 지폐가 잔뜩 들어 있는 지갑이 떨어져 있으면 어떡하지? 지갑을 파출소에 가져다줬는데 마침 그곳에 엄청난 부자인 지갑 주인이 와 있다가 내게 사례금으로 돈 한 다발을 주면 어쩌지?' 하는 고민으로 진료받으러 오는 사람은 없습니다.

젊은 사람이라면 '방금 선배하고 눈이 마주쳤어. 진짜 마주쳤다고. 나한테 마음이 있는 게 분명해' 하는 식으로 단순한 사고 회로에 따라 망상을 잘하는 사람도 있겠지요. 하지만 이렇게 긍정적인 망상력은 나이가 들면 점점 사그라듭니다. 그러니 될 수 있는 한 '부정적인 상상'을 하는 버릇만큼은 젊을 때 멈추는 게 좋습니다. 지금 이 순간이 당신에게는 가장 젊을 때이니, 오늘부터 멈출 수 있다면 아직 늦지 않습니다.

기억하기 **가장 나쁜 상황을 상정해 두는 대책이라면 굳이 세우지 않아도 좋다.**

타인의 가치관에 맞추려 할수록 삶은 더 피폐해진다

여러분은 자신을 제대로 이해하고 있나요?

우리는 내가 성공한 건지 실패한 건지를 판단해 보거나 나에게 점수를 매길 때가 있습니다. 이때 중요한 것은 어디까지나 '나의 가치 기준'으로 '나를 평가'해야 한다는 사실입니다. 절대로 남들이 어떻게 생각하는지를 잣대로 자신을 평가해서는 안 됩니다.

많은 사람이 살아가는 데 느끼는 괴로움은, 있지도 않은 환상 속에서 타인의 가치관에 자신을 맞추려고 하는 데서 비롯됩니다. '모두들 좋다고 하니까' '모두 다 그렇게 하니까' '누구나 갖고 있으니까'라며 그 사람들을 따라 하고 그에 맞춰 살려고 할 필요는 없습니다. 그렇게 해 봐야 '모두와 다른 인간인 내'가 즐거울 리 없으니까요.

SNS를 멀리하면 해결되는 고민도 있다

그런 감정으로 매일 삶이 우울한 사람이 편해질 수 있는 한 가지 방법은 SNS를 멀리하는 일입니다. 업무상 멀리하기가 불가능하거나, 인간관계를 생각하면 도저히 그렇게 할 수 없다는 사람도 있을 텐데 그런 경우에도 SNS에서 얻는 정보를 무조건 믿거나 그대로 받아들이지 않는 것이 중요합니다.

애초에 온라인상의 정보는 어디까지 신뢰해야 좋을지 알수 없다는 사실을 기억해야 합니다. 맛있는 요리를 만들었다며 인스타그램에 사진을 올렸더라도 실제로는 보기만 예쁘고 맛은 별로일지도 모릅니다. 무엇보다 정말로 그 사람이 만든 요리를 찍은 사진인지 아닌지도 알 수 없습니다. 이렇게 말하면 인간 불신이라고 할지도 모르겠지만 대부분의 사람은 저마다 '타인에게 보이고 싶은 모습'으로 크고 작은 연출과 편집을 거쳐 자신을 드러내지 않나요?

저는 과감히 페이스북을 그만뒀습니다. 처음에는 직장에서 모두가 페이스북을 하고 있어서 당연한 것처럼 저도 하기 시작했습니다. 하지만 글이나 사진을 올릴 때마다 동료들이 그 내용에 반응을 보여서, 점차 마음 편히 사적인 내용을 올릴 수 없게 되더군요. 그 직장을 그만둔 현재는 더이상 관계없는 사람들의 정보를 일일이 보고 알게 되는 것 자체가 번잡스럽기만 했습니다. 그런 SNS라면 그만두는 게 편합니다.

"남들 다 하고 있는 SNS를 그만두다니 불편하지 않으세요?"라는 질문을 받으면 언제나 "네, 조금도 불편하지 않아요"라고 대답합니다. 연락이 필요할 때는 문자 메시지를 주고받거나 전화로 이야기하면 되니까요.

불과 몇 년 전까지만 해도 SNS는 없는 것이 당연했고 또 아무런 불편함 없이 생활했습니다. 물론 편리하게 활용하는 방법은 얼마든지 있겠지요. 다만 그것은 원하는 사람이 하면 될 뿐입니다.

기억하기

모두가 하고 있다고 해서 나도 꼭 해야 할 필요는 없다.

남의 시선을 의식하느라
'좋아하는 것'을 왜곡하지 말자

타인과 비교하지 말라는 말을 특히 강조하는 이유는 앞서 언급한 대로 SNS가 요즘 시대에 없어서는 안 될 정도로 널리 보급되어 있기 때문입니다. 그런 온라인 서비스들이야말로 다른 사람과 자신을 점점 더 비교하게끔 조장하는 원흉입니다.

여러분이 유명 카페의 오가닉 브런치 세트를 먹고 SNS에 사진과 글을 올렸다고 합시다. 유기농으로 재배했으니 친환경적이고 건강에도 좋은 데다가 무엇보다 요즘 화제가 되고 있는 가게이므로 '좋아요'가 잔뜩 붙으면서 "나도 먹어보고 싶어" "나도 가보고 싶네" 하는 댓글이 줄줄이 달리겠지요.

반면에 점심으로 패스트푸드를 먹었다고 글을 올리면 물

론 '좋아요'는 받을지 모르지만(저는 누르고 싶군요), 개중에는 "몸에도 나쁜 걸 왜 먹어!" 하며 비판하는 사람도 있을 수 있습니다. 적어도 유명 카페에서 맛본 오가닉 음식보다는 부러워하는 반응이 적을 거라는 걸 짐작할 수 있겠지요.

SNS에서의 반응에 쾌감을 느끼게 되면 '평소에 오가닉을 매우 좋아하는 나'를 어필하면서 계속 글과 사진을 올리게 될 겁니다. 당연히 주변의 반응이 좋아야 SNS를 하는 즐거움이 더욱 커지니까요. 그러다 보면 무의식적으로 '나를 바꿔야만 해!'라는 생각에 게시물의 내용뿐만 아니라 실제 행동까지 SNS에 좌우될 수가 있습니다.

이때 과감히 'SNS상에서만의 인격을 만들자'고 명쾌하게 결론지을 수 있는 사람이라면 연기하는 것이 즐거울 수도 있지만, 대부분은 그렇게 영민하고 요령 있게 처신하지 못합니다.

맥도날드나 롯데리아 앞을 지날 때 '살찌니까 몸에는 좋지 않겠지만 그래도 프렌치프라이랑 햄버거를 실컷 먹고 싶어……'라고 생각하면서도 애써 고개를 돌리고 지나쳐간다거나, 가끔 먹는다는 사실을 남들에게는 감추고 산다면 인생이 별로 즐겁지 않겠지요.

물론 오가닉 음식을 먹는 편이 더 좋은 사람도 있겠지요. 사람마다 가치관과 취향이 다르니까요.

'다른 사람들처럼 하지 못하는 나'를
질책하지 않아도 된다

남들 보기 좋게 깔끔하고 산뜻하거나 화려하고 멋스럽지 않아도 스스로 편하고 느긋한 행복을 느낄 수 있다면 굳이 무리하면서까지 남의 시선을 신경 쓰느라 피폐한 생활을 선택하지 않아도 됩니다.

'다른 모든 사람과 똑같이 할 수 없는 나'를 끝없이 책망하는 것도 어리석은 일입니다. 너무나 좋아하는 초콜릿을 한 조각만 먹어도 금세 환히 웃을 수 있는데 다이어트 해야 된다는 강박관념에 사로잡혀 있다면 본래는 나를 행복하게 만드는 음식이 결국 먹을 때마다 죄의식에 사로잡히는 독이 되고 맙니다.

만약 다이어트를 위해서 '될 수 있으면 먹지 말자'고 결정했다면, 오히려 일주일에 딱 한 번만 '초콜릿 데이'를 정해놓고 그동안 참았던 나를 칭찬해 주면서 맛있게 먹는 건 어떨까요? 무조건 참고 억제하기보다는 오히려 소소한 행복감을 잃지 않고 지낼 수 있을 거예요.

더욱 평온한 삶을 사는 데 필요한 것은 '난 이렇게 하면 좋아!' 하는 감정을 느끼는 일입니다. 물론 이상적인 삶을 향해서 꾸준히 노력하는 자세도 중요합니다. 하지만 방법이나 방향을 잘못 선택해 결국 얻는 것보다 스트레스가 더 커질 뿐이라면,

그 선택은 당신에게 아무 의미도 없는 일이 됩니다. 중요한 것은 자기 자신이 만족스럽다고 느낄 수 있는 생활을 그대로 해 나가는 일입니다.

그렇게 하는 데 타인의 가치관이나 평가 같은 건 눈곱만큼도 의식하지 마세요. 다른 사람의 말과 행동에 휘둘려서 내가 '좋아하는 것'을 왜곡할 필요는 없습니다.

기억하기 평온한 삶을 사는 데 필요한 것은 내가 어떨 때 좋은 감정을 느끼는지 아는 것이다.

다른 사람의 행동을 기준 삼아
나의 행동을 결정하지 말 것

"친구들은 모두 행복한 가정을 이루고 사는데 나만 실패자가
되긴 싫어……."

이혼이라는 극히 개인적인 문제조차도 타인의 시선을 살
피면서 행동하려는 사람이 있습니다. B씨도 그랬습니다. 그는
가정 폭력의 피해자였는데 아무리 심한 폭력과 폭언을 당하고
행동에 제약을 받아도 "내 주변에는 아무도 이혼한 사람이 없
어"라며 이혼을 선택하려 들지 않았습니다. 주위 친구들이 최
소한 몸을 피해 어디 도망이라도 치라고 아무리 조언해도 "다
들 부부 사이가 좋은데……" 하며 남편과 같은 집에서 생활하
기를 고집했고 결국에는 몸도 마음도 모두 지치고 심한 상처를

입어 진료를 받아야 했습니다.

　물론 주위 사람들과 다른 행동을 하게 되었을 때 '내가 너무 멋대로인 건 아닐까?' '나만 참으면 되는데……' 이런 생각에 빠지기 쉽습니다. 하지만 B씨의 주변 사람들은 남편에게서 폭력과 폭언을 당하고 있지 않습니다. 이 경우는 주변 사람들과 자신을 비교하는 것 자체가 무의미한 일이지요. 친구들 가운데 이혼한 사람이 아무도 없으니 자신도 이혼하지 않겠다는 결론은 전혀 합리적이지 못합니다. 실제로 폭력을 당하고 있는 사람이 그렇지 않은 타인과 똑같은 기준으로 이혼할지 말지를 판단한다는 것 자체가 이치에 맞지 않는 일입니다.

　남들이 하지 않으니 나도 하지 않겠다고, 해야 할 일을 미루다가 상황이 점점 더 악화되는 경우가 자주 있습니다.

다른 요인들은 제쳐 두고
일단 나를 지킬 수 있는 방법 찾기

B씨처럼 주변 사람들과 자신을 비교해 가면서 많은 일을 감내하는 사람이 의외로 많지 않을까요? 그런 사람들에게 필요한 것은 **똑같은 환경이 아닌 남과 나를 더 이상 같은 시선으로 보지 않는** 일입니다.

　타인이 참고 있다고 해서 나도 참아야 한다는 생각은 금물입니다. 만약 조금이라도 싫고, 괴롭고, 그만두고 싶다면 당신에게는 '도망칠 권리'가 있습니다. **고통스러운 일에서 도망치는 것도 당신이 할 수 있는, 스스로를 지키는 방법 중 하나입니다.**

나를 지킬 수 있는 행동을 조금씩이라도 일상에서 실천해 보세요.

기억하기

타인이 참고 있다고 해서 나도 참아야 한다는 생각은 금물.

맞지 않는 일이라면
그만둘 용기도 필요하다

세상에는 '나에게는 맞지 않는 일'이라고 절실히 느끼면서도 그 일을 계속하고 있는 사람이 있습니다. 대기업 금융 회사에 취직한 C씨도 그중 한 사람입니다.

그는 대학 동기들 중에서도 초봉이 월등히 높아서 모두가 부러워했다고 합니다. 그런데 입사하고 얼마 지나지 않아 일이 너무 힘들어졌습니다. 그가 권유하고 싶은 투자처보다는 회사가 지시하는, 고객에게 별로 수익이 나지 않는 투자처에 고객을 유도하지 않으면 할당된 목표 실적을 채우지 못할 상황이었기 때문입니다. 이는 한 군데의 투자처에 고객의 자금을 장기간 예치해 두는 것보다 여러 곳의 투자처로 바꿔 가며 자금을 회전시켜 수수료를 챙기는 편이 회사로서는 이익이 크다는 이유에서였지요. 고객에게서 당연히 불만의 목소리가 터져 나왔지만 그러한 상황을 어떻게든 잘 무마해 가면서 능숙하게 수수료를 받아 회사에 큰돈을 벌어 주는 것이 이 회사에서 출세할 수 있는 조건이었습니다.

힘들다는 C씨에게 상사는 "이상만 내세운다고 돈이 되나? 나도 이 과정을 거쳐 이 위치까지 올라왔어. 언제까지 학생처럼 굴 건가?" 하고 호통을 쳤습니다.

하지만 그는 좀처럼 마음가짐을 바꿀 수가 없었습니다. 점점 더 '난 너무 불성실한 사람인가 봐'라고 자기 탓을 하며 마음이 병들어 갔습니다.

밤에 제대로 잠도 이루지 못해 술과 수면유도제를 찾았고 아침이면 출근하는 발걸음이 천근만근 무거워 때때로 결근까지 하게 되었습니다. 그러다 보니 직장에서 나쁜 평가를 받게 되고 C씨는 완전히 자신감을 잃었지요.

자존감을 버리면서 참기보다는
하루빨리 회사를 그만두는 게 최선의 방책

이 사례에서 가장 좋은 문제 해결책은 회사를 그만두는 것이었습니다. 그런데 누구나 다 아는 유명 대기업에 입사했다고 주변 사람들이 모두 인정하고 추켜세우는 실정이다 보니 C씨는 막상 퇴사할 결단을 내리지 못했습니다.

무엇보다 주변에서는 힘들어하는 C씨에게 "의지가 너무 약해빠진 거 아냐?" "일에 그렇게 감정을 넣으면 어떡해!"라며 괴로움을 이해하기는커녕 질책하는 말을 서슴지 않고 던졌습니다. 그는 사방이 온통 다 막힌 것 같다고 느꼈지요.

'금융 업계에서 성공하려면 회사에 이익이 되도록 자금을 움직일 줄도 알아야 한다. 고객에게는 불성실할지 몰라도 회사에 제대로 이익을 가져다주고 인사 고과에서 높은 점수를 받아야 진정한 최고의 금융맨이 될 수 있다.'

이러한 사고가 살아가는 데 정답인지 오답인지는 별개의 문제입니다. 실제로 이런 직업이 있고 그렇게 이익을 얻는다면 위법 행위가 아닙니다. 손해를 볼 것 같은 투자 안건도 정말로 능력 있는 사람이라면 거기서 이익을 창출해 냄으로써 회사도 고객도 크게 만족시킬 수 있겠지요. 다만, 여기서 확실히 말할 수 있는 것은 그 일이 C씨의 적성에는 전혀 맞지 않았다는 사실입니다.

결국 그는 1년이 지나고 나서 회사를 그만두기로 결정했습니다. 1년 동안 참고 견딘 결과 어떻게 되었을까요. 인사 고과 점수는 바닥을 쳤고 잃어버린 자존감을 되찾는 데에만 2년이 넘는 시간이 필요했습니다. 일도 오래 지속하지 못하는 상황이 계속 반복되었지요.

어디까지나 가정해서 하는 말입니다만, 만약 C씨가 '이 일은 나랑 안 맞아' 하는 생각이 들었을 때 바로 '나한테 조금 더 잘 맞는 일을 하자!'라고 생각을 바꿔서 더 빨리 이직했더라면 아마도 그렇게까지 자존감을 상실하지는 않았을 것입니다.

자신에게 맞지 않는 일을 억지로 계속하려고 애써도 어차피 언젠가는 파탄이 날 거라면, 사고 전환은 빠르면 빠를수록 좋습니다. 좀처럼 결단을 내리기가 쉽지 않겠지만 이 사실을 머릿속 한 귀퉁이에 심어 놓고 일상생활을 해 보세요. 정말 필요할 때 떠오를지도 모르니까요.

기억하기 정말로 하루하루가 고통스럽다면 그 일은 나에게 맞지 않는 걸지도 모른다.

회사 사람들과 잘 지내려고
무리하지 않아도 된다

힘들고 버거운 상황에서도 도망치지 않고 맞서려고 한 탓에 오
히려 더 고통스러운 상황에 빠지고 마는 사람들이 있습니다.
많은 원인 가운데 하나로 인간관계 문제를 들 수 있지요.

　이를테면, 회사에 싫어하는 상사가 있다고 가정해 보겠습
니다. 자신의 의지로 부서를 옮길 수도 없을뿐더러 경제도 불
황이어서 상사만을 이유로 회사를 때려치울 수도 없는 노릇입
니다. 싫은 상대가 하필 또 직속 상사라서 항상 업무로 얽히는
관계라면 이러지도 저러지도 못할 겁니다. 업무 지시에 따라
보고와 연락을 해야 하는 것은 회사 규정상 어쩔 수 없는 일이
니까요.

하지만 그 이상도 그 이하도 아니라는 사실을 잊어서는 안 됩니다. **직속 상사라고 해서 꼭 호의를 가져야 하는 것도 아니고 서로 마음을 터놓을 필요도, 이해할 필요도 없습니다.** 극단적으로 말해서 일에 지장이 생기지 않는 한, 신뢰 관계를 구축할 필요도 없습니다.

하지만 그런 상황에서도 전체를 생각해서 모두와 좋은 관계를 맺으며 일하려고 애쓰던 사람이 '직장 내 인간관계에 지쳤다'며 병원을 찾는 경우가 아주 많습니다.

싫은 상사나 동료, 후배의 나쁜 점을 군이 지적하거나 상사에게 정색하고 대들 필요가 없으며 그런 사람들에게 인정받으려고 애쓸 필요는 더더욱 없습니다. 모두가 알고 있는 것 같지만 실제로는 그렇게 해야만 한다고 믿는 사람이 적지 않습니다. 이럴 때 저는 다음과 같이 조언합니다.

"만약 본인이 그 사람들의 교육을 담당한 게 아니라면 그건 자신이 해야 할 일의 범위를 넘어선 참견이고 에너지 낭비니까 그만두시는 게 좋아요."

마음에 들지 않는 사람이 다른 사람에게 미움을 받든, 혹은 뒤에서 남들에게 험담을 듣든 내버려 두면 되는 일이고 그렇게 싫은 사람 때문에 일과 관계없는 곳에서까지 고민하는 것은 아무런 가치도 없는 일입니다.

당신은 회사에 친구나 가족을 만들러 가는 것이 아니라 노동의 대가로 돈을 벌기 위해 다니는 것이니까요. 그렇다면 어느 정도 성과를 내고 일정한 평가를 받을 수 있는 환경에서 상사가 어떻든 오직 자신이 해야 할 일을 하면 됩니다.

이때 '다른 사람도 그 상사에게 심한 말을 듣고 힘들어했으니까'라고 열을 올리면 그만큼 손해를 보는 사람은 나 자신입니다. 회사 사람과 친구가 되려고 애쓰지 않아도 됩니다. 그저 사내 분위기를 해치지 않다는 마음으로 모두와 그럭저럭 사이좋아 보이는 가면을 쓰고 업무 시간을 보내는 정도가 적당합니다. 가면을 쓴다고 해서 실제로 진짜 사이가 좋아야 하는 것도 아닙니다.

상사의 말과 행동을 견디기가 고통스럽다면 단지 그런 상황을 피하기 위해서만 애쓰면 되고, 그건 결코 나쁜 행동이 아닙니다.

불편한 상대와
진지하게 마주하지 않아도 된다

구체적으로 어떤 때 상사의 말과 행동이 자신을 상처 입히는지 반드시 알아 두세요.

결재를 받을 때마다 까칠하게 트집을 잡거나 귀찮은 대화를 끝없이 나눠야 하는 상황이 벌어져 괴롭다면, 서류를 책상 위에 쓱 올려놓고 "이 자료 확인하신 후 결재 부탁드립니다. 바쁘실 테니 제가 나중에 가지러 오겠습니다"하고 상대를 배려하는 듯한 분위기를 내면서 번거로운 대화를 피해 가는 방법도 있습니다. "자네는 나와 이야기하고 싶지 않은 건가?"라는 말을 들을지 몰라도 상사라고 해서 부하 직원에게 자신의 비위를 맞추라고 강요할 권리는 없습니다.

어떻게 하면 그런 까탈스러운 사람을 잘 피할 수 있을지, 그 방법을 찾는 것이 상사의 마음에 들려고 애쓰는 것보다 훨씬 건설적인 사고가 아닐까요? 또한 자꾸 뭔가 말을 걸어 오더라도 전부 귀담아들을 필요도 없습니다.

"네, 주의하겠습니다"정도로 상대가 화나지 않을 범위 내에서 할 수 있는 대답이 어느 선인지를 감지하면 됩니다.

상사의 말이라고 해서
다 받아들일 의무는 없다

만일 불합리한 일을 강요당한다면 회피할 수단을 궁리해야 합니다. 직접 대놓고 "싫습니다" 하고 거절하기보다는 "지금은 이러이러한 업무를 먼저 처리하도록 OO 님에게 지시를 받은 상태라, OO 님에게 이 일을 먼저 처리해도 되는지 확인하고 나서 작업에 들어가겠습니다"라고 타인을 끌어들여 부당한 지시를 강요받고 있다는 사실을 주위에 알리는 것도 좋은 방법입니다(천연덕스럽게 알리는 것은 어느 정도 필요한 처세술이라고 생각합니다).

고압적이고 험한 말을 하는 상사가 있다면 아무래도 공포감과 압박감이 느껴져서, 그 말을 너무 진중하게 받아들이는 경우가 많습니다. '그 사람은 원래 말 표현이 서툴러서 그래'라든가 '그런 식으로밖에 말을 할 줄 모르니까'라고 관점을 바꿔서 내가 너무 상처받지 않도록 평소에 이미지 트레이닝을 하는 것도 중요합니다.

애초에 상사가 부하 직원을 위축시키는 점에서 상사로서의 그릇이 아닌 것이지요. 큰소리로 호통칠 때마다 '아, 이 사람은 소리를 지르지 않으면 자신의 말이 먹히지 않을 거라고 생각하는구나. 약한 개일수록 쓸데없이 짖는다던데……' 하고, 호통을 듣는 이유는 내가 잘못해서가 아니라는 것을 이해하는 게 중요합니다.

상대가 상사라고 해서 그가 한 말을 순순히 받아들여야 할 의무는 없으며, 회사에 이러한 상황을 얘기해 봐야 들어주지도 않고 해결 방안을 제시해 주지도 않는 환경이라면 그 회사는 손절 대상입니다.

업무로 관계를 맺고 있는 사람과 정면으로 부딪치거나 혹은 그대로 받아들이려고 하다가는 자신만 손해입니다. 오직 사태를 적당히 넘기면서 싫은 사람과 충돌하는 상황을 피하려고 해야 일하기에도 편할 것입니다.

　업무는 당신이 노동력을 제공하고 대가로 임금을 받는 행위일 뿐입니다. 상대의 불합리한 말을 심각하게 받아들이고 고통받아 마음을 다친 나머지, 회사에 일하러 나갈 수 없게 되다면 그것은 오로지 내 손해입니다.

　그러므로 나를 지키기 위해서라도 싫은 사람과 마주하는 시간을 줄이고 차라리 그 시간에 회사에서 자신의 평가를 높일 수 있는 공부를 하고 필요한 자격증을 취득해 두는 것이 좋습니다.

상황을 유연하게 받아넘기면서 싫은 상대를 피하려고 의식하라.

죽고 싶을 정도로 괴롭다면
마음의 병이 있을지도 모른다

1년에 한 번 자살을 시도할 정도로 심각한 문제를 안고 있던 여성 D씨가 있었습니다. 그는 무슨 일을 해도 어느 순간에 불현듯 큰 절망감이 느껴져 스스로가 싫어진다고 하더군요. 너무나 괴로워서 '이제 모든 게 틀렸어' 하고 일을 그만두기도 했고, 고민 끝에 자신을 상처입히고 때로는 정말로 목숨을 끊으려고 무척 위험한 행동을 일으키기를 반복했습니다.

왜 그렇게 되었을까요? 정작 D씨 자신도 잘 설명하지 못했습니다.

"왜 그런지 잘 모르겠지만 이제 다 틀렸어, 괴로워, 죽는 수밖에 없어, 이런 생각이 들어요……"하고 말꼬리를 흐리더니 고개를 푹 숙일 뿐이었습니다. 목숨을 끊으려는 극단적인 결단을 내렸으면서도 그 원인을 알지 못했지요.

저는 D씨의 과거 입원 기록을 뒤져서 지금까지 그가 보인 행동을 낱낱이 조사한 끝에, 일정한 주기로 증상이 나타나고 있다는 사실을 알아냈습니다. 본인에게 확인해 봤더니 바로 제 짐작이 맞았습니다. D씨는 엄청난 절망감이 몰려오는 시기의 2주 후에 거의 어김없이 생리를 했던 것입니다.

이러한 증상은 비교적 최근에 잘 알려진 월경전증후군 PMS, premenstrual syndrome 중에서도 특히 정신적 불안의 정도가 심하고 일상생활에도 지장을 초래하는 '월경전불쾌장애PMDD, premenstrual dysphoric disorder'라는 병에서 비롯된 것이었습니다.

과거의 진료 기록부를 확인해 보고 D씨가 지금까지 적절한 치료를 받은 적이 없었다는 사실을 알게 된 사례였습니다. 그리고 부인과와 연계해 입원 치료를 시작했더니 증상이 차츰 호전되어 이제는 부인과 통원 치료만으로도 괜찮을 정도로 안정을 되찾았습니다.

이 사례의 경우에는 "스스로 목숨을 끊거나 자신을 상처 입히면 안 돼요"라고 어설피 설득하는 것은 아무런 의미가 없는 일입니다. 오히려 그런 말이 D씨를 더욱더 궁지로 내몰 뿐이지요. '그건 저도 알지만……'으로 시작하는 대답밖에 들을 수 없을 겁니다. 실제로 그는 과거에도 주위 사람들에게 그런 말을 수도 없이 들어왔다며 너무도 힘들었다고 나중에 털어놓더군요.

기억하기

삶이 극단적으로 힘들 때는 병이 원인일지도 모른다.

인류가 나 한 명뿐이라면
지금의 고민이 여전히 유효할까?

모두가 한다고 해서 따라 하다가 결국 실패한다 해도, 당신이 따라 한 그 사람은 당신에게 아무것도 해 주지 않습니다. 누군 가가 이렇게 부르짖었다고 생각해 보시죠.

"그 사람과 똑같은 일을 했는데 왜 그 사람은 행복하고 나 는 불행한 겁니까?"

이 사람에게 당신은 무슨 말을 해 주고 싶은가요?

저라면 "그렇네요. 하지만 그렇게 하겠다고 결정한 사람 은 당신이니까 다른 사람이 결과를 책임 져 주지는 않아요. 그 러니 이렇게 멈춰 서서 억울하다고 외치기보다는, 어떻게 하면 그 불행에서 조금이라도 벗어날 수 있는지를 생각하는 것이 좋겠습니다"라고 말해 줄 수밖에 없습니다. 실패로 기가 죽어 있는 사람이 듣기에는 냉정한 말일지도 모르지만 할 수 없습니다. 타인에게 책임을 떠넘기고 불평해 봐야 상황은 조금도 달라지지 않으니까요. 스스로 결정하고 행동한 결과에 불만이 있다면 스스로 어떻게든 해결하는 수밖에 없습니다.

'그 사람은 그걸 할 수 있고 나는 할 수 없다. 하지만 그 대신 나는 이걸 할 수 있으니까 다 잘될 거야!' 이런 마음가짐이 중요합니다. 그 사람은 그런 상황인 거고 나는 이런 상황인 것이지요. 다른 환경에 있는 타인을 보고 '나도 저렇게 되려면 어떻게 해야 할까?' 정도를 목표로 삼는 것은 좋지만, 타인을 질투하며 불평과 험담을 일삼으면서 근본적인 문제를 직시하지 않는 사고와 행동은 당장 멈추는 것이 좋습니다.

'남은 남, 나는 나'라는 사실을 확실히 이해한다면 애초에 질투할 필요가 없다는 이치를 깨달을 수 있습니다. 모든 사람은 저마다 다르기 때문에 할 수 있는 일도 다르고 각자에게 일어나는 일도 다른 게 당연합니다. 남이 어떻든 나는 내가 할 수 있는 일을 하고 그 결과로 행복해지는 수밖에 달리 방법은 없습니다.

'인류라고는 나밖에 없는' 세상을 한 번 상상해 보세요. 그러면 지금 내가 안고 있는 고민 대부분이 거의 무의미하게 느껴지지 않을까요? 비교할 대상이 아무도 없으니 당신의 기준이 곧 인류의 기준이 되는 겁니다. 타인과 비교하는 데서 생겨

나는 감정의 기복을 골똘히 생각해 보면, 결국 모두 다 '고민하는 것이 아무 소용없는' 일이지요.

타인과 관계없이 나의 문제에 대해 '내가 할 수 있는 일'로 당당히 맞서는 자세야말로 마음 편하게 살아가기 위한 출발점이 될 것입니다.

기억하기 남은 남, 나는 나라고 구분할 수 있다면 고민은 사라진다.

2장

행복과 불행을
결정짓는
한 끗 차이

66

스스로 선택한 방법이 결과적으로 자신을 잃게끔
만든다는 사실을 좀처럼 깨닫지 못하는 사람들이 많습니다.
하지만 그건 당신 잘못이 아닙니다.
그밖에 다른 방법이 있다는 것을 아무도 당신에게
가르쳐 주지 않았으니까요.

99

질투하기를 멈추면
편해질 수 있다

사람들이 '나다움'을 동경하는 것은 '나답게 살아가는 듯 보이는 사람'에 대한 질투에서 비롯되기도 합니다. 남들이 SNS에 행복한 모습을 업로드하거나 '좋은 성과를 냈다' 또는 '행복하다'고 하는 소식에 왜 질투하는 사람이 있는 걸까요.

가장 큰 이유는 일이 잘 풀리는 상대와 자신의 입장에 그다지 큰 차이가 없다고 생각하기 때문입니다. 사람은 나와 가까운 사람에게 부러움을 느끼면 질투합니다. 나와 입장이 확연히 다른 사람에게는 질투가 아닌 동경할 뿐이지요. 더구나 SNS가 발달한 현대 사회에서는 나와 타인을 비교할 수 있는 장벽이 매우 낮아졌습니다. 상대의 SNS 소개글에 나와 같은 입장

(나이, 성별, 직장 등 카테고리가 비슷하다)이라고 쓰여 있을 뿐, 정말로 같은 입장인지 아닌지 확실치 않은데도 의외로 대부분 보여지는 것을 순순히 믿는 경향이 있습니다. 나와 유사점이 많으면 많을수록 그 사람을 부러워하지요.

조금 더 정곡을 찔러 표현하자면 '같은 입장이지만 내심 내가 더 뛰어나다'고 여기고 있던 상대가 잘나갈 때야말로 사람의 질투심은 격렬하게 끓어오릅니다.

자신과 같은 프로필을 가진 사람이 아주 평범한 내용을 트위터에 올렸는데 사람들의 폭발적인 관심을 받는 모습을 보고 '나도 똑같이 트위터를 하는데 왜 난 관심받지 못하는 거지?' 하는 생각이 드는 건 충분히 이해합니다. 화제에 오르내린다는 건 일종의 승인 욕구를 크게 만족시켜 주니까요. '좋아요'와 '리트윗'을 많이 받으면 받을수록 얼핏 유명인이 된 듯 착각하기 쉽습니다. 만약 생판 모르는 남이라면 부러워하는 데서 그칠지 모르지만, 자신이 '잘 아는' 사람이 주목을 받게 되면 '나도 저런 칭찬 들을 수 있었는데!' 하고 질투심은 맹렬히 불타오릅니다.

하지만 애초에 누군가 성공했다, 기쁜 일이 있었다, 운이 좋았다고 해서 내가 손해 보는 일이 있을까요? 가령 딱히 별다른 노력도 하지 않은 것 같았는데 업무 평가 점수가 높은 동기가 있다고 합시다. 이때 '별다른 노력도 하지 않은 것 같았다'

는 것은 당신의 시점일 뿐이고 실제로 그 사람은 묵묵히 공부를 계속해 왔거나 거래처와의 관계를 돈독히 다져온 결과로 매출을 크게 향상시켰을지도 모릅니다. 혹은 까다로운 상사의 심사를 건드리지 않으려고 상사를 유심히 관찰해 나름대로 유연하게 대응한 결과, 상사가 좋은 평가를 준 것일 수도 있지요.

깜짝 놀랄 정도로 멋있는 남성과 결혼한 여성은 맞선이나 단체 미팅에 열심히 참석하며 멋진 남성과 만날 기회를 늘리는 한편, 지인들에게 "결혼할 상대를 찾고 있어요"라고 알림으로써 더 많은 사람을 소개받았을지도 모릅니다.

성공한 사람들은 꾸준히 노력을 거듭해 온 끝에 당신이 부러워할 성과를 손에 넣은 겁니다. 그 사람으로 인해 당신이 손해를 본 일은 아마도 없겠지요.

기억하기

누군가가 성공한다고 해서 내가 손해를 보는 것은 아니다.

타인을 등급 매기며
나의 품위를 낮추지 말자

애초에 질투란 '자신의 뇌내에서 발생하는, 타인에 대한 제멋대로의 등급 판정이나 경쟁'일 뿐입니다. 혼자서 초조해하고 짜증을 내는 것이지요. 물론 마음에 들지 않는 상대에게 신경이 곤두서는 심정도 이해합니다. 불쾌감이 들고 부정적인 감정이 생기는 건 막을 수 없지만 자신의 노력으로 어느 정도는 조절할 수 있습니다.

머릿속에서 시뮬레이션을 반복하면서 질투로 괴로워하는 내 모습에서 나아가 그러한 감정을 초월하여 우뚝 서 있는 내 모습을 그려보세요. 요령이 생기면 부정적인 감정을 긍정적인 감정으로 덧씌울 수 있습니다.

예를 들어, 같은 정신과 의사인 E선생을 저의 라이벌이라고 가정해 보겠습니다.

E선생과 저는 졸업 후 임상 경험도 똑같이 했습니다. 임상 능력 면에서도 차이는 거의 없다고 생각합니다(❶). 그런데 E선생은 많은 팬에게 응원을 받고 있으며(❷), 책도 여러 권 썼는데 무척 잘 팔리고 있습니다. 다양한 미디어에서 격찬하고 있으니(❸) 당연히 돈도 잘 벌겠지요(❹). 정말 부러워 미치겠습니다! 똑같은 프로필을 갖고 있는데 왜 저는 그렇지 못한 걸까요?

이 이야기를 다시 살펴보겠습니다.

❶ 나와 E선생은 별반 다르지 않다

다르지 않다고 판단한 근거는 뭘까요? 졸업 후 몇 년이 지났는지는 알 수 있지만, 임상 능력은 알 수가 없습니다. 전문의나 지도의, 그 밖의 자격도 어디까지나 시험을 통과했다는 증명일 뿐입니다. 특히 정신과 의사는 환자 한 사람 한 사람과의 관계나 신뢰도 중요하기 때문에 숫자로 된 프로필만을 이유로 "저 선생과 나는 임상 능력이 비슷해"라고 단언하기 어렵습니다.

이런 상황은 의사가 아니어도 마찬가지가 아닐까요? 학생이라면 실력이 비슷한데도 모의고사 성적이 유난히 잘 나오는 사람이 있는가 하면 반대로 시험에서 실력을 제대로 발휘하지 못하는 사람도 있습니다. 회사원인 경우는 업무 능력이 같다는 걸 어떻게 판단할 수 있을까요? 이렇게 생각해 보면 사람은 자기 머릿속에서 '저 사람과 나는 같은 급' '저 사람은 나보다 아래'라고 꽤 제멋대로 결론짓고 있는 것 같습니다.

② 팬들의 지지를 받고 있다

자신을 지지해 주는 사람이 있다는 것은 기적에 가까운 일입니다. 수많은 사람 가운데서 '이 사람 너무 좋아'라고 생각해 주다니 정말 감사한 일이지요. 질투만 하고 있는 걸 보니 제 팬이 적은 이유도 이해가 갑니다.

③ 여러 방면에서 인기를 얻고 있다

인기를 얻는 데는 다 그만한 이유가 있습니다. 말을 잘한다거나 상대의 말을 경청하는 태도가 뛰어나서일 수도 있고, 글을 빨리 쓴다거나 이해하기 쉽게 쓰는 등 다양하겠지요. 그들처럼 되고 싶다면 왜 나를 찾는 사람은 없는지를 잘 생각해 보고 대책을 마련해야 합니다. 그래야 상황이 개선될 가능성이 열리니까요.

④ 돈도 잘 벌 거야

사람은 인품을 잃었을 때 가장 보기 흉합니다. 생각하는 것은 지성, 말하는 것은 이성, 선택하는 언어는 그 사람의 인품 자체입니다. 마음으로 생각하는 것은 어쩔 수 없지만, 그 생각을 말로 내뱉을 때 조심해야 합니다. 특히 '타인의 수입'에 관한 말은 자신의 품격을 떨어뜨리는 말이기도 합니다. E선생이 돈을 잘 벌든 못 벌든 그건 자신의 지갑 사정과는 아무런 관계가 없습니다.

이렇게 하나하나 짚어 보면 의외로 우리가 자주 보고 듣게 되는, 나와 비슷한 입장에 있는 사람에게 질투하는 행동이 얼마나 무의미하고 볼품없는 일인지를 알 수 있습니다. 타인이 어떻게 하든 나와 전혀 관계가 없습니다.

타인과 비교해도 좋은 일은 '대단해. 경력은 나랑 비슷한데 이런 일까지도 해내는 사람이 있구나. 그렇다면 나도 가능성이 있을 테니 해낼 때까지 노력해 보겠어!'라고 생각할 때 정도입니다.

신경에 거슬리고 자꾸만 심사가 뒤틀려서 남들에게 험담을 하고 다닐 거라면 차라리 그 사람의 SNS를 들여다보지 않는 편이 훨씬 낫습니다. 그렇게 감정이 불안정하고 타인의 험담을 일삼는 사람을 보고 좋아할 사람은 없습니다. 자신에게 그런 성향이 있다면, 지금 당장 그 사고 회로와 이별하는 것이 좋습니다.

상대를 깎아내리며 나의 가치를 올릴 순 없다

상대에 관해 이러쿵저러쿵 말하고 싶은 심정도 잘 압니다. 제가 "그런 사고 회로와는 당장 이별하세요"라고 말한다고 바로 "네. 그만두겠습니다!" 하고 멈출 수 있다면 이 세상에는 '마음이 편해지는 책'이라고 홍보하는 책들이 지금처럼 많이 팔리지 않을 것입니다.

인간은 현재 자신의 입장이나 처지의 원인을 어떻게 해서든 자신 이외의 것에서 찾아내려고 하는 생물입니다(당장 이런 사고를 바꿀 수 있다면 아마도 깨달음의 경지에 이른 것이겠지요).

무언가를 보고 반사적으로 부정적인 감정이 울컥 올라오더라도 나의 품격을 떨어뜨리지 않게끔 부정적인 감정을 잘 다스린다면 조금이라도 더 밝은 미래로 이어질 수 있습니다.

가령 누군가가 라이벌인 E선생을 어떻게 생각하느냐고 질문한다면, 저는 아마도 이렇게 대답하려고 의식하겠지요.

"지금 화제가 되고 있는 E선생 말씀이시죠? 항상 좋은 말을 해 주는 분이고 역시 높게 평가받을 만한 점이 있지요" 하는 식으로 상대를 나쁘게 말하지 않으려고 신경 쓰면서 "덧붙이자면 저는 이렇게 생각합니다"라고 제 생각을 살짝 말하고 대화를 끝마치면 100점입니다. 이런 식으로 말하면 누가 어떻게 봐도 남을 험담만 하는 사람보다 더 좋은 사람으로 보일 뿐 아니라 자신의 품위를 떨어뜨리지 않으면서 대화를 넘어갈 수 있습니다.

되풀이해 말하지만, 질투란 타인에게 제멋대로 등급을 매기고 경쟁하는 데 지나지 않습니다. 혼자서 망상을 부풀리면서 짜증만 낸다면 정신적으로 버틸 수 없습니다. 남이 잘 된다고 해서 현실적으로 내가 피해 보는 것이 아니라는 사실을 이해하고 스스로 목을 조르는 행위에서 이제 벗어나야 합니다.

상대가 어떻든지 간에 매사 나의 문제로 인식하고 문제를 해결해 나가야 합니다. 그게 가능해져야 질투라는 부정적인 감정에서 해방되어 앞으로는 모든 일을 편하게 바라보고 생각할 수 있습니다.

기억하기 머릿속에서 시뮬레이션을 반복하면서 질투로 괴로워하는 나를 놓아주는 연습을 한다.

남부러울 것 없어 보이는 사람도
저마다 고민이 있다

세상에는 일도 척척 잘하는 데다 육아도 완벽히 하는 인플루언서들이 있습니다. 심지어 특출난 집안 자식도 아니고 우리와 똑같은 일반인인데 말이지요. SNS에 "제 인생은 만족스러워요!" 하고 환히 웃는 모습을 계속해서 올리기도 하죠. 물론 그 사람은 '할 수 있으니까' 하고 있는 것이고 행복한 것입니다.

　　하지만 인플루언서를 아무리 열심히 따라 한다고 해도 결과는 같지 않습니다. '그 사람은 이렇게 하니까 됐는데 나는 왜 안 되는 걸까?' 하는 자기 부정의 감정만 점점 더 키우게 될 뿐이지요. 그런 쓸모없는 노력을 하는 동안은 그 누구라도 행복한 기분을 느낄 수 없을 거예요.

인플루언서가 하는 것을 똑같이 모방하지 않으면 어떻습니까? 겉으로 드러난 행복해 보이는 얼굴 뒤에, 그 사람이 사실은 어떤 감정을 느끼고 있는지는 아무도 알 수 없는 법이지요. 행복을 과시하던 커플이나 부부가 갑자기 헤어지거나 이혼하기도 하고 순풍에 돛 단 듯 승승장구하던 유명인이 돌연 은퇴를 선언하기도 합니다.

뒤집어 말하면 SNS에서 아무리 빛이 나는 사람이라도 크든 작든 누구나 보이지 않는 불행을 안고 있기 마련입니다. 당신과 다소 다를지라도 상대 역시 당신과 비슷한 고민을 겪고 있는 그냥 '평범한 사람'인 것이지요.

잘나가는 사람을 인정하지 못 한다고 해서, 똑같이 할 수 없다고 해서 불행해질 리도 없거니와, 유행을 좇으며 살지 않는다고 해서 문제 될 건 아무것도 없습니다.

기억하기

불가능한 일에 계속 노력을 쏟아붓는다면 자존감만 떨어질 뿐 행복해지지 않는다.

"남은 남, 나는 나"라고
주문 외우기

자신이 할 수 없는 일을 열심히 할 필요는 없습니다. 그런데 왜 기어코 열심히 하고야 마는 걸까요? **남이 하는 모습을 보면 나도 할 수 있을 거라는 착각이 들면서 꼭 해낸다고 생각하기** 때문입니다.

'그 사람은 해냈는데 나는 못하고 있어.'

'그 사람이 가지고 있는 걸 나는 갖지 못했어.'

앞서도 언급했지만 이런 식으로 타인과 나를 비교하는 것이 괴로움을 만들어 내는 가장 큰 원인이라는 사실을 알고 있나요?

예를 들어 속기에 매우 능숙한 사람이 있다고 합시다. 다른 사람의 이야기를 들으면서 수첩에 거의 전부 메모할 수 있는 아주 편리한 능력을 갖추고 있지요. 그런데 이 사람은 키보드를 보지 않고 문자를 입력하는 컴퓨터 터치 타이핑을 주변인 모두 할 줄 아는데 자신만 모른다면서 너무나도 큰 고민에 빠져 있습니다.

"그건 조금 연구하면 속기로 보완할 수 있을 테니 괜찮지 않아?"라고 말해도 들리지 않습니다. 그런 사고 회로에 익숙해진 사람은 자신이 할 수 있는 일보다 할 수 없는 부분만을 강조해서 스스로 지적하는 경향이 있습니다. 그렇게 해서 자신감을 잃는 사람이 꽤 많습니다.

음식도 맛있게 만들고 청소나 세탁 등 집안일을 능숙하게 시간을 분배해서 말끔하게 해내는 주부가 "내 친구는 예쁜 도시락을 만들어 인스타그램에 올리던데 나는 도저히 그렇게 못 만들겠어!"라며 자신을 비하한다거나, "그 사람이 만든 자료가 가장 이해하기 쉬워"라는 평을 듣는, 업무 능력이 탁월해서 모두에게 인정받는 직장인이 "저는 동료가 하는 것처럼 고객한테 말을 조리 있게 못 하겠어요"라며 한탄하기도 합니다.

자신이 할 수 있는 일은 전부 무시하고 타인과 비교해서 자신을 깎아내리고는 우울해합니다. 심하면 마음에 병이 들기도 하지요.

이런 이야기를 들으면 정말 안타깝기가 이를 데 없는데도, 진료실을 찾아온 내담자들은 진지한 표정으로 "저는 이렇게나 쓸모없는 인간이에요"라고 모두 같은 말을 하더군요.

관점을 아주 약간 바꾸기만 해도 문제가 해결되는데, 이렇게 자잘한 오해가 쌓여 있다는 사실을 본인이 이해하기까지는 꽤 오랜 시간이 걸립니다.

기억하기   사람은 저마다 잘하는 것이 있고 못하는 것이 있다. 내가 잘할 수 없는 일로 괴로워하지 않아도 된다.

지금부터라도
자기 부정 멈추기

자기 부정을 많이 하는 사람은 '부정의 명수'라고 부르고 싶을 정도로 사사건건 자신을 부정하는 경향이 있습니다. 예를 들어 보겠습니다.

취업 면접이 예정되어 있는 F씨는 면접 전에 여러 가지 생각을 합니다. '나는 기억력이 나빠서 생각했던 걸 제대로 말하지 못할 거야. 운도 대체로 나쁜 편이고. 면접관도 분명 이상한 사람으로 배정될 게 뻔해. 긴장되네. 그렇잖아도 말을 잘 못하는데 긴장하면 평소보다 더 횡설수설할지도 몰라. 어쩌지, 말을 더듬기라도 하면 분명 면접관도 어이없어할 텐데…… 최악의 경우 면접관을 화나게 하는 건 아닐까…….'

면접이나 중요한 자리에 참석할 때는 어떤 경우라도 미리 이미지 트레이닝을 할 필요가 있지만, 이런 식으로 '최악의 면접' 상황만 상상하다가는 결과도 최악이 되기 십상입니다. 자신의 머릿속에서 만들어 낸 두려운 면접관을 상대로 안절부절 못하고 자신감 없는 상태로 면접에 임한다면 당연히 좋은 결과가 나올 리 없지요.

사람은 왜 자기 부정을 시작하면 멈추지 못하는 걸까요? 그건 바로, 자기를 칭찬할 이유를 찾기보다는 자기 부정의 이유를 찾기가 훨씬 더 쉽기 때문입니다.

"자신의 장점을 다섯 가지만 꼽아 보세요"라는 말을 듣고서 바로 다섯 가지를 말할 수 있는 사람은 많지 않지만, "자신의 단점을 다섯 가지 말해 보세요" 한다면 모두 '다섯 개뿐이겠어?' 하며 얼마든지 열거할 수 있을 겁니다.

성실하게 사는 사람일수록 자기 행동에 대한 불만이나 지적 사항을 쉽게 떠올리는 반면에 자신의 좋은 점을 찾아내거나 칭찬하는 데는 익숙하지 않습니다.

자기 부정이 좋지 않은 가장 큰 이유는 **'자기 부정을 함으로써 마치 제대로 무언가 한 듯한 기분'**이 들기 때문입니다. 면접 전날의 이미지 트레이닝도 마찬가지입니다. 아무것도 생각하지 않고 잠을 청하기보다는 자기 나름대로 이미지 트레이닝을 했으니 면접 대책을 세운 거라는 생각에 자신이 뭐라도 한 듯한 기분에 취하거든요.

만약 자기 부정 이미지 트레이닝에 들어갔다면 '그럼 어떻게 대책을 세우지?'까지 나아가야 합니다. 그렇지 않으면 '대책'이 되질 않으니까요.

그런데 사람들은 대부분 '아, 이렇게 여러 방면으로 생각해 봤는데도 도저히 안 되겠어'라며 거기서 끝내고 맙니다. 마치 대책을 생각한 척하면서 어물쩍 넘어가는 상태인 거죠. 완전히 무의미하다고 할 수 있습니다. 그럴 바에야 아무 생각도 하지 말고 잠을 자는 편이 오히려 더 낫습니다.

'난 기억력이 나쁘니까 꼭 어필하고 싶은 포인트만 기억해 두고 처음 부분만 엄지손가락 끝에 볼펜으로 적어 둘까?'

'운이 지지리도 없는 사람이니 이상한 면접관을 만나더라도 예상대로군, 하고 넘기자.'

'어차피 나는 말솜씨 좋은 예능인이 아니니까 긴장해서 말이 막히면 좀 서툴더라도 의사만 전달하면 되는 거야.'

'면접관이 이렇게까지 응시자를 긴장시키는 게 잘못이지. 이런 압박 면접이라니, 이 회사 수준이 낮다는 증거니까 떨어져도 상관없어!'

이렇게 자기 부정에 대한 대책을 생각하고 사고를 바꾸려는 준비까지 해야 비로소 면접에 대비한 이미지 트레이닝을 완료했다고 할 수 있지 않을까요?

그렇게는 할 수 없다고요? 그러면 아무것도 하지 말고 잠을 자면 됩니다. 나쁜 이미지를 지닌 채 면접을 보지 않아도 되기 때문에 오히려 편안한 마음으로 면접에 임할 수 있습니다.

세상에는 하지 않는 게 더 좋거나 하는 만큼 시간이 허비되는 일이 많습니다. 자신을 부정하고 마치 그 일을 한 것처럼, 또는 한 척하면서 자기 만족하는 것도 바로 그런 일입니다.

기억하기 **자기 부정은 시간 낭비다.**

후회는 경험하고 난 뒤에 해도
늦지 않다

나는 '할 수 없으며' 사실은 '하고 싶지도 않은' 일을 주변 사람들이 다 한다는 이유로 하려고 애쓸 필요는 없다고 여러 번 강조했습니다. 하지만 사실은 '하고 싶은데' 그것을 '불가능한 일'로 치부하고 포기하는 것도 스트레스의 원인이 됩니다. 원래 자신이 할 수 없는 일을 아는 것과 이건 무리라고 결정하는 것은 완전히 다른 문제입니다.

노력해 봤는데 역시 할 수 없었던 일이라면 깨끗이 포기할 수 있지만 분명 무리일 테니 어쩔 수가 없다는 생각으로 하고 싶은 것을 시도해 보지도 않고 포기한 경우는 언제까지고 마음이 개운치 않습니다.

'할 수 있을지 없을지 모르지만, 할 수 있는 데까지 해 보자!' 하고 각오를 굳혀 도전하는 행동을 여행 가서 뜨거운 온천에 들어갈지 말지 고민하는 일에 비유해 봅시다.

G씨는 보기만 해도 뜨거운 온천물에 도저히 들어가지 못할 것 같았지만 마음을 단단히 먹고 탕에 들어갔습니다. 참고 들어갔지만 역시나 견디지 못하고 바로 뛰쳐나왔습니다. 그리고 '뜨거워서 나한테는 도저히 안 되겠어'라며 단념했지요.

반면에 H씨는 '분명히 뜨거워서 못 들어갈 테니 나는 안 들어갈래. G도 바로 나와 버렸잖아. 내가 할 수 없다는 걸 냉정히 판단했으니 난 참 똑똑해. 불가능하다는 걸 아니까 들어가지 않는 거야. 이 온천 말고 약간 미지근한 탕을 찾는 게 좋겠어' 하고 지레 포기했습니다.

H씨의 말은 얼핏 자신의 인내력을 객관적으로 바라본 뒤에 자신이 할 수 있을지 없을지를 판단한 것처럼 보이지만 이는 도전을 피하기 위한 '핑곗거리'일 뿐입니다.

성공했는지 실패했는지와 관계없이, G씨는 온천에서 나온 후에 '도전해 보았다'는 만족감으로 마음이 가득 차 있거나 그 체험으로 느낀 감흥이 교훈으로 마음에 남았습니다. 반면에 H씨는 고생도 기쁨도 좌절도 감동도 느껴보지 못한 채 끝났기 때문에 이 온천에 관한 기억조차도 그다지 남지 않겠지요. 좋은 구실을 대며 미지근한 온천을 찾았던 H씨의 경우, 당시에

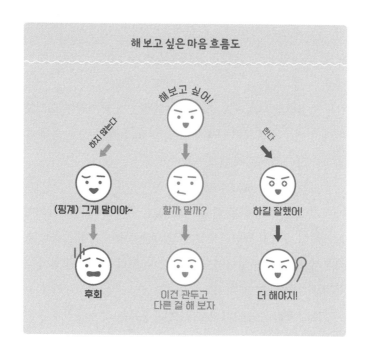

해 보고 싶은 마음 흐름도

해 보고 싶어!

하지 않는다 → (핑계) 그게 말이야~

할까 말까?

한다 → 하길 잘했어!

후회

이건 관두고 다른 걸 해 보자

더 해야지!

는 결단을 내렸다고 생각했지만 나중에는 '그때 발끝만이라도 넣어 볼걸, 언제 또 갈지 모르는데 어떻게든 도전했더라면 좋았을걸. 어쩌면 G씨와 달리 나는 들어갈 수 있었을지도 모르잖아……' 하고 묘한 후회가 마음에 싹틀지도 모릅니다.

'구인광고를 봐도 괜찮아 보이는 회사가 없으니 이직은 안 되겠어' '매일 바빠서 친목회나 세미나에 참석할 수가 있어야지' '평소 업무만으로도 너무 바빠서 자격증 취득에 도전할 기력이 생기질 않아' 이렇게 여러 상황에서 "그러니까 어쩔 수 없어"라며 현실에 안주하는 사람이 많습니다. 핑곗거리를 만들고 있는 것이지요. 실제로 실현하고자 노력해 보는 것은 어떨까요?

도전해서 나에게는 도저히 맞지 않는다고 깨끗이 포기할 때까지 행동해 본다면 나중에서야 '그때 해 볼걸……' 하며 후회하는 일은 일어나지 않겠지요.

그러므로 해 보고 싶다고 생각하는 일이 있다면 이것저것 따지지 말고 일단 한번 해 보세요. 좋은 결과가 나오지 않거나 생각처럼 잘되지 않더라도 비난할 사람은 없으니 괜찮습니다. 마음껏 해 보고 안 되더라도, 적어도 '시도하지 않았던 일에 대한 후회'는 절대로 생기지 않을 테니까요.

오늘부터 조금씩이라도 좋으니 핑계를 대며 스스로를 속이는 일부터 그만둬 보는 건 어떨까요?

기억하기

해 보고 싶은 일이 있다면 앞뒤 재지 말고 일단 한번 해 보자.

조금이라도 하면
조금씩 달라질 수 있다

앞서 말한 대로 '할 수 없는 이유'는 일단 말을 꺼내면 끝도 없이 나올 가능성이 있습니다. 돈이 없어서, 이미 늦었으니까, 죽기 살기로 하는 모습은 볼썽사나우니까, 나답지 않으니까, 비가 오니까, 추우니까…….

이렇게 말하는 저도, 이러니저러니 남에게 말할 정도로 잘하고 있는 것은 아닙니다. 저 역시도 갖가지 변명과 구실을 붙여 그냥 내버려 두고 있는 일이 몇 가지 있으니까요.

하지만 변명하는 동안은 자신이 안고 있는 문제가 해결로 나아가지 못합니다.

'살이 좀 쪘네, 하지만 식사량을 줄이면 스트레스가 쌓이

는데…… 운동해서 칼로리를 소비하면 이 정도는 먹어도 문제없을 거야!'

'자, 먹었으니 운동해야지. 오늘은 비가 내리니까 집에서 스트레칭이나 할까? 그러고 보니 9시부터 보고 싶은 텔레비전 프로그램이 있었지. 그럼 보고 나서 할까? 아냐, 오늘은 너무 늦었어. 수면 부족은 살찌는 지름길이라던데…….'

'좋았어! 내일부터 열심히 하자!'

이런 날이 반복되고 있는 한, 언제까지고 만족하지 못하는 현실은 달라지지 않습니다.

아무것도 하지 않았으니 바뀌지 않는 게 당연하다

핑계를 대면서 앞으로 나아가지 못하고 있다면 그 정도는 누구나 그럴 수 있습니다. 실은 살이 찐 것을 그 정도로 심각하게 고민하고 있지 않은 상태라면 각오도 별로 단호하지 않을 것이고, 이런 마음으로 다이어트를 느긋하게 미루고 또 미루고 있다면 그저 그 정도의 고민이라는 의미이므로 솔직히 크게 문제삼을 일은 아닙니다.

진짜 문제는 노력을 했다고 생각하면서 자신이 쓸모없는 인간이라고 단정 짓고 자신을 책망할 때입니다. 노란색 경고등이 서서히 적신호로 바뀌어 가지요. 아무것도 하지 않았으니까 바뀌지 않는 게 당연합니다.

하지도 않은 사실을 책망하기 전에 자신의 존재 자체를 비난하기 시작하면 스스로 삶을 힘들게 만드는 것이므로 위험합니다. "나는 안 돼!"라며 자책해 봐야 스스로 괴롭고 불행해질 뿐이지요.

결국 이 문제를 해결하는 방법은 아주 간단합니다. 구실을 찾고 핑계 대기를 '계속할 것인지 그만둘 것인지'를 결정하기만 하면 됩니다. 사실, 반드시 해야만 하는 일이란 없으니까요.

'난 살쪄도 상관없으니까' '지금 이대로 충분히 행복하니까 된 거 아냐?' '평균에 비하면 그다지 살찐 것도 아니니까 괜찮아'라고 생각할 수 있다면 체중 감량을 위해 노력하지 않아도 전혀 문제없습니다. 고민하는 일을 재빨리 털어 버리면 됩니다.

하지만 대부분의 사람은 개운하게 납득하지 못하는 일을 나중으로 미루기 위해서 '납득한 척'하는 경향이 있습니다. 이것이 바로 현실에 안주하기 위해 핑곗거리를 찾는 일이지요. 하지만 '어라? 이 생각, 혹시 노력한 것처럼 눈속임하려는 구실 찾기?'라고 알아차린 시점에 아주 조금이라도 행동으로 옮긴다면 나중에라도 행복을 느끼게 될 가능성이 커집니다.

만약 살을 빼지 못한 상태더라도 조금이나마 가벼운 운동을 했다면, 아무것도 하지 않았을 때보다 '그래도 조금은 노력했어' 하고 자신을 높이 평가할 수 있습니다. 그야말로 아무것도 하지 않은 것보다 '노력'한 것은 분명한 사실이니까요.

딱히 자기 절제를 엄격히 해야 할 필요는 없습니다. 다만 '너 지금 핑계 대고 있는 거지?' 하고 약간이라도 자신을 점검하는 시간은 중요합니다. 뭐든지 허용하고 다 좋다고 무르게 대하기만 하면 그 누구도 인간으로서 성장할 수 없으며 결과적으로도 그리 행복해지지 못합니다.

그러므로 핑계를 대고 미루고 싶어지면 스스로 타일러 보세요.

"그렇군. 이해해. 하지만 조금이라도 좋으니 해 보자고!" 이렇게 독려해 보는 거예요.

 기억하기 자신에게 지나치게 너그러우면 인간으로서 성장하지 못할뿐더러 그다지 행복해질 수 없다.

실패는
끝을 의미하지 않는다

사람이 자신에게 부정적인 평가를 매기는 것은 어떤 일에 실패했다는 판단을 내렸을 때가 아닐까요? 일이나 인간관계에 관련된 상황일 수도 있고 부모 혹은 부부 사이의 문제일 수도 있습니다. 자신이 그려 본 이상적인 모습과 현실 사이의 차이 때문일지도 모릅니다.

어떤 이유나 상황이든 자신이 실패했다고 생각할 경우, 자기 평가는 반드시 마이너스가 됩니다. 마이너스가 계속되면 당연히 괴로울 것이고, 괴로워하며 살고 싶지 않으니 더더욱 실패하고 싶지 않은 마음도 점점 강렬해질 것입니다.

하지만 자기를 부정하는 습관이 든 사람은 대개 무슨 일에서든 '실패했다'고 생각하는 경향이 있기 때문에 그런 습관이 없는 사람과 비교하면 훨씬 더 괴로움이 깊이 쌓여 갑니다. 무슨 일을 해도 실패했다고 생각하는 사고 습관이 있는 한, 괴로움에서 해방될 날은 영원히 오지 않습니다.

실패가 두렵지 않았던 어린 시절

이러한 상황에서 정답은 '실패 좀 하면 어때?'라고 생각하는 습관을 들이는 것이 아닐까요?

상당히 억지스러운 조언이라고 받아들일지도 모르겠습니다. 하지만 애당초 당신이 실패를 두려워하는 이유가 무엇인지 생각해 보세요.

'실패하면 체면이 말이 아니니까' '실패하면 야단맞으니까' '실패하면 어떻게 해야 할지 몰라서' 등 여러 가지 이유를 꼽을 수 있겠지만, 결국 바꿔 말하면 실패하는 데 익숙하지 않은 데다, 실패하면 어떻게 될지 모른다는 사실이 두려운 것입니다.

혹시 어렸을 때 집에서든 산이나 공원에서든 친구와 비밀 기지를 만들었던 적이 있나요? 종이상자를 가지고 요새를 만든다거나, 비닐 시트로 지붕을 만들거나 돌을 옮겨와서 앉을 만한 장소를 만들었던 경험 말입니다. 아니면 방 한 귀퉁이에

의자를 가져다 놓고 시트를 씌워 봤다거나 뭐든지 좋습니다. 그런 일에 푹 빠져 비밀을 즐긴 적은요?

어떤 규모든 아이가 하는 일이므로 비밀은 그렇게 오래 지켜지지 않습니다. 지붕은 생각처럼 잘 씌워지지 않아서, 비 온 다음 날에 보러 가면 무너져 있을지도 모릅니다. 누군가에게 발견되어 짓밟힐 수도 있고 그곳이 자칫 출입 금지 장소라면 어른에게 크게 꾸중을 들을 겁니다.

비밀을 지키지 못했다는 것은 실패를 뜻하지만, 어릴 때 당신은 '지붕을 만드는 건 무리니까' '어차피 무너질 텐데' '정리하라고 야단맞을걸' 하고 핑계를 대면서 비밀 기지 만드는 일을 처음부터 포기했던가요?

어떻게든 한순간이라도 어른들의 눈을 피해 비밀 공간을 만들려고 했을 때, 실패하면 어쩌지 하는 생각은 아마도 머릿속에 없었을 것입니다. 그야말로 '실패해도, 들켜도, 지금 즐거우니까 괜찮아!' 하지 않았던가요? 그리고 실패하거나 들킬 때마다 조금씩 개선해서 감추는 기술이 점점 늘지 않았던가요? 당신이 그 비밀을 포기할 때까지.

그랬던 어린이가 어른이 되면서 힘들고 괴로운 나날이 늘어 갑니다. 실패하더라도 다시, '이번에는 어떻게 할까?' 고민하고 도전하는 배짱이 점점 사라져 갑니다.

실패는 다음으로 이어지는 기회

일에서 목표 달성에 실패해 상사의 기대를 저버리게 되는 것이 두렵다고 도전을 회피하는 젊은 사원이 많은 듯합니다. 이러한 현상은 교육 환경과도 관련이 있습니다. 대학교까지는 꽤 '개성'을 강조하지만 졸업해 취업하는 순간 '협동'과 '조화'를 흐트러뜨리지 않을 것을 강조합니다. 그러다 보니 그 과도기에 있는 사람은 당황해하기 일쑤입니다. 착실하게 생각하면 생각할수록 '어떻게 해야 실패하지 않을까?'를 고민하게 되고, 가능하면 무난하고 눈에 띄지 않으려 하는 것이지요.

하지만 도전하기를 두려워하고 회피한다면 업무 능력은 향상되지 못할 것이고 똑같은 일만 반복해서는 일의 재미를 느낄 기회마저 얻지 못합니다. 무난한 일을 선택하면 당장은 편할지 몰라도 반면에 일의 본질을 찾아내지 못해 계속하기가 괴로워지는 것도 어쩔 수 없는 일일지 모릅니다.

반대로 당신이 어떤 일에 도전해서 몇 번이고 실패했다면 그때마다 상사가 실망할까요? 아마 그렇지 않겠지요.

애당초 실패가 회사에 물리적인 손해를 끼쳤다면 그 시점에서 중지를 시킬 겁니다. 중지당하지 않았다면 당신 행동이 그렇게까지는 문제되지 않는다는 의미입니다. 도전해서 실패했지만 그 일로 인해 딱히 회사에서 경고를 받지 않았다면 상사를 실망하게 만들지도 모른다는 생각은 하지 않아도 좋습니다. 오히려 '어차피 상사는 이번에도 실패할 거라고 생각할 거야. 하지만 이번에는 성공해서 상사를 놀라게 해 줘야지' 같은 자세로 도전해 볼 수 있습니다. 그렇게 노력하는 동안에, 처음에 '이 방안, 기획 회의에 제출해도 괜찮을까?' 하며 불안하던 마음은 이미 사라지고 없다는 사실을 깨닫게 될 것입니다.

실패는 끝이 아니라 다음으로 이어지는 기회라는 사실을 이해하고 납득했을 때, 비로소 일에서 느끼던 괴로움은 사라지게 됩니다.

기억하기 **실패에 익숙해짐으로써 괴로움을 없앨 수 있다.**

'질리는 심리'를 이용해서
공포심과 불안감 이겨내기

사람은 어떤 체험에도 적응하고 익숙해지는 생명체입니다. 현재의 환경을 잃으면 도저히 살아갈 수 없을 거라 믿고 있다 해도, 가령 큰 재난을 당해 그 환경이 전부 무너지더라도 1년 후에는 다른 환경에서 비록 힘들지언정 나름대로 인생을 살아가기 마련입니다.

가장 이해하기 쉬운 예가 반짝 떠서 활약하던 개그맨의 1년 후입니다. 단번에 핫한 소재나 입담으로 최고의 반열에 오른 개그맨이 한창 인기를 구가할 때는 누구나 할 것 없이 모이기만 하면 그 유행어나 개그 소재로 분위기가 달아오르곤 합니다. 제가 일하는 병원에서 지금 인기 있는 개그맨을 모른다고 하면 환자나 간호사들이 막 웃어 댑니다. 하지만 같은 소재의 이야기가 몇 년 동안 계속되는 모습을 본 적이 없습니다. 모두 같은 이야기에는 쉽게 질리니까요. 이는 비단 개그뿐만이 아니라 공포와 불안도 마찬가지입니다.

실패를 두려워하는 마음도, 여러 차례 비슷한 경험을 반복하는 사이에 조금씩 옅어지기 마련입니다(외상후스트레스장애 PTSD 치료에서도 사용되는 방법입니다).

두려움을 느끼는 고통에서 벗어나고 싶다면 당신이 두려워하는 일에 과감히 도전하는 것이 해결로 가는 지름길입니다.

이 책에서 반복해 전달하고 싶은 진실이기도 합니다.

실패에 익숙해져 보기

실패란 해서는 안 되는 경험이 아니며 특수한 경험도 아닙니다. 주변에 일을 잘하는 회사원이나 혹은 이상적인 가정을 이루고 있는 사람이 있다면 '저 사람은 나랑 다르게 실패하지 않으니 얼마나 좋을까!'라며 부러워할지도 모르지만, 실상은 그렇지 않습니다.

일 잘하는 회사원도 의외로 작은 실패를 겪을 것이고 이상적으로 보이는 커플도 실은 남모르게 사소한 일로 싸움을 벌이기도 합니다. 단지 사람은 자신의 실패를 별로 남에게 밝히지 않기 때문에 남들이 곁에서 봐도 모를 뿐입니다.

그래도 실패하기가 두렵다면 일부러 소소한 실패 체험을 해 보는 것도 좋은 방법입니다. 제가 권하고 싶은 방법은 '전철에서 노인에게 자리 양보하기'입니다.

최근에 이 행동을 하지 못하는 사람이 늘고 있는 듯합니다. 막상 자리를 양보하려고 해도 거절당할지도 모른다는 생각에 '자리 양보에 실패'하는 상황이 두렵다고 하더군요.

우선 전철에 타서 양보할 만한 사람이 보이면 "여기 앉으세요" 하고 자리를 양보해 보세요. 그러고 나서 그대로 전철 내 다른 칸으로 이동하면 됩니다. 자리를 양보한 상대가 앉으면 성공! 하지만 혹시라도 자신의 의도가 전해지지 않아 그 자리가 비어 있을지도 모릅니다. 그 상황을 정의한다면 '실패'겠지요.

하지만 만약 실패했다고 해서 인생에서 곤란한 일이 일어날까요? 아무 일도 일어나지 않습니다. 처음에는 부끄러운 마음도 들고 후회하며 자신감을 잃을지도 모르지만, 대개는 몇 시간만 지나면 잊어버리게 됩니다. 이렇게 여러 번 시도해 보면 그 양보하는 행동이 일상에 녹아들 수도 있습니다. 물론 피곤할 때는 무리해서까지 하지 않아도 괜찮습니다.

실패란 그런 것입니다. 반복해 보면 거절당하는 것도 그다지 신경 쓰이지 않게 됩니다.

오히려 확실히 자리를 양보했을 때 '좋았어, 오늘은 좋은 일을 했네'라고 단지 자신의 행동을 그대로 평가할 수 있게 되는 것이지요. 성공과 실패의 차이는 실제로 그 정도입니다. 실패가 보통 있는 일이고 성공은 어쩌다 가끔 하기 때문에 기쁜 일이라고도 할 수 있는 것이죠.

그리고 결과가 어느 쪽으로 굴러가든지 간에 시도해 본 만큼, 사람은 성장할 수 있습니다. 만약 자신이 상사나 부모의 입장이라면 부하 직원과 자녀에게는 오히려 빨리 작은 실패를 경험하게끔 해 주세요. 만약 실패하더라도 절대 화내지 말고 좋은 경험을 쌓았다는 사실을 순수하게 기뻐해 주세요.

실패는 두려운 일이 아니라는 사실을 깨닫는 것만으로도 많은 괴로움에서 놓여나게 됩니다.

기억하기

성공하든 실패하든, 사람은 시도한 만큼 성장한다.

일단 실패하고 나서
생각하자

시작하는 글에서 제가 ADHD라고 밝혔는데, 그 특징 가운데 하나로 충동성이 있습니다. 어떤 생각이 획 떠오른 순간에 다른 건 아무것도 생각하지 않고 행동에 옮기는 탓에 그대로 실패하는 일이 빈번히 일어납니다.

어쩌면 남들보다 훨씬 더 많은 실패를 겪었지만, 저 자신이 어떤 때 그런 행동을 하게 되는지를 철저히 분석하고 제대로 치료를 받은 후로는 정신과 의사로서 두드러지게 일에 지장을 초래하는 일은 없습니다.

이런 의미에서도 확실히 나의 특징을 파악하고 내가 할 수 있는 일이 무엇인지 생각해서 실패할 때마다 대책을 세우면,

다소 힘든 상황이 오더라도 어떻게든 역경을 넘길 수 있다고 자신 있게 말할 수 있습니다. 100점 만점에 100점은 어렵겠지만 60점이나 70점은 해내고 있다고 생각하면 됩니다. 이때 강조하고 싶은 것은 완벽하게 100점을 받지 않으면 소용없다는 생각은 잘못되었다는 것입니다.

이 세상에는 날마다 100점을 받고 행복해하는 운 좋은 사람도 없거니와 매일 아무런 고생도 하지 않고 뭐든지 완벽히 해내는 사람도 없습니다.

자신이 사회에서 곤란하지 않게 지혜를 짜내 준비하고 실패를 반복하면서도 나름대로 잘하고 있는 것처럼 보이는 일, 즉 모두 당신이 모르는 범위에서 '의태'에 '지금' 성공하고 있을 뿐입니다. 누구나 결점이 있고, 할 수 없는 일이 있습니다.

그래서 실패도 하는 것이며 오히려 생각처럼 잘되지 않는 일이 대부분입니다. 하지만 여러 차례 실패했다고 해도 결국 '지금' 어떻게든 별문제 없이 돌아가고 있다면 그걸로 괜찮습니다. 그러므로 이제는 바꿀 수 없는 과거에 연연해하고 후회해도 소용없으며, 일어나지도 않은 미래를 떠올리고 겁먹어도 득이 되지 않는다는 사실을 기억해야 합니다.

실패할지 성공할지는
해 보지 않으면 모른다

만약 행동하고 싶은 마음이 있는데도 '어떻게 해야 하지? 실패하는 건 싫은데'라고 고민하고 있다면 아무것도 생각하지 말고 '일단 해 보는' 것이 몇 배나 이득입니다.

실패할지 성공할지는 해 봐야 비로소 알 수 있습니다. 하기도 전에 이런저런 생각으로 주저하는 심정은 모두가 느껴 봤을 것입니다. 하지만 대개 실패는 상상하지 못한 형태로 일어납니다. 예측했던 실패라면 대처법도 미리 마련할 수 있으니 문제없지만, 예상하지 못한 실패가 찾아왔을 때 어떻게 극복할 것인지는 여러 번 경험하지 않고서는 습득할 수 없습니다.

오히려 처음부터 실패할 수도 있다는 가능성을 생각하고 과감히 행동에 옮기는 것이 좋습니다. 그러다 성공했을 때 행운이 찾아왔다는 기쁨을 더 크게 만끽할 수 있으니까요.

살아가는 동안 일어나는 문제는 어차피 많든 적든 상상을 초월하는 일투성이입니다. 그렇다면 어떻게 해야 좋을지는 나중에 생각하고 우선 시도하는 사람이 유리하겠지요. 인생은 울든 웃든 기껏해야 80년 정도입니다. 이 한정된 시간을 무기력하게 '하지만' '~ 탓에' '어차피' 하며 고민하는 사이에 수명이 다할지도 모릅니다.

그렇게 시간을 보내기보다는 지금부터 어떻게 하면 더욱 좋은 인생을 만들어 나갈 수 있을지 시도해 보는 데 시간을 투자하는 편이 좋지 않을까요?

기억하기 매일 100점 만점으로 행복한 사람도, 뭐든지 완벽하게 해내는 사람도 없다.

한 번 새로운 사고를 받아들이면
사고 전환이 빨라진다

이 책에는 당신이 태어나서 지금까지 익혀 온 '상식'과 '삶의 방식'을 근본부터 바꾸는 데 목적을 둔 '시점 전환'에 관한 이야기가 많습니다. 새로운 사고를 받아들이는 데는 에너지가 굉장히 많이 소모될 겁니다.

비유하자면, 지금까지 일층짜리 단독주택에서 생활하던 사람이 최신형 고층 아파트로 옮겨 사는 것과 같습니다. 매일 계단을 오르내리는 일조차 하지 않던 생활에서, 이제는 어디를 가든 우선 60층 높이 건물의 엘리베이터를 타야 하는 생활로 바뀐다면 처음에는 적응하기 어렵겠지요.

어느 쪽이 더 좋은지는 사람마다 다르겠지만 지금 당신은 조금이라도 인생이 힘들다고 생각하고 있기에 이 책을 집어 들었을 겁니다. 그렇다면 지금 자신의 사고 회로에 크고 작은 불만과 의문을 갖고 있는 게 아닐까요?

이 책에 쓰인 내용을 전부 그대로 받아들이고 실천한다면, 과거 수십 년 동안 자리잡은 가치관을 단번에 바꿀 수 있고 삶의 방식 자체도 크게 달라질 거라고 생각했을지도 모르겠습니다. 그러다가 '책 한 권 읽는다고 해서 그런 일이 간단히 이루어질 리가 없다'는 현실을 알아차린다면 변화하려던 자신을 다시 부정하기 시작하고 원래 있던 자리로 돌아가려고 할 수도 있겠지요.

하지만 번데기가 허물을 벗고 나비가 되듯이 그렇게 큰 개혁 단계를 거치며 경계선을 넘어 원하던 쪽으로 가게 되면 삶이 무척 편해질 거예요. 심지어 **한 번 새로운 사고관을 받아들이는 데 성공하면 그 경험이 전례가 되어 앞으로도 누구보다 빨리 두뇌 사고를 전환할 수 있습니다.**

재빠른 사고 전환은 오늘날처럼 복잡한 세상에서는 특히 유용한 기술입니다. 인류는 계속해서 탄생하는 새로운 기술로 혜택을 받는 동시에 잇달아 마주하는 새로운 고민을 떠안게 됩니다. 여러 가지 불안과 부정적인 말과 행동에 직면했을 때 재빨리 사고 회로를 전환할 수 있다면 삶에서 부대끼는 괴로운 문제에 일일이 휘둘리지 않을 수 있습니다.

다시 말해, 괴로운 삶에서 나름대로 행복해지는 법을 스스로 발견하고 그 행복을 자신의 힘으로 지킬 수 있게 되는 것이지요.

 기억하기 재빠르게 두뇌를 전환할 수 있는 사고 회로를 얻는다면 내 힘으로 행복을 지킬 수 있다.

인간은 모두
평등하다는 거짓말

저마다의 이유로 삶이 힘들다고 느끼고 있는 여러분을 한층 더 깊은 나락으로 밀어 떨어뜨리는 말일지도 모르지만, 삶이 괴로운 사람이 이해해야 할 것은 **애초에 사람은 '평등하지 않다'**는 사실입니다.

너무 극단적이고 절망적인 말인가요?

만약 이 말이 조금이라도 아프게 와닿았다면 당신은 어느 정도 이 사실을 어렴풋이, 또는 깊이 이해하고 있는 사람일 것입니다.

사람은 애초에 나고 자란 환경에 따라 그 후의 성장에 큰 차이가 생깁니다. 가령 엄마 몸에 뭔가 이상이 있었는가 없었는가, 출산 시에 가사假死 상태였는가 아닌가, 선천성 질병이 있는가 없는가, 더 나아가 집안의 자산, 외모와 지능, 가족들의 인성, 부모의 교육 방침, 성장 환경, 친척과의 관계, 학교의 교육 체제, 학교에 함께 다니는 동급생들의 인성 등 이 모든 것이 사람의 사고 토대를 형성하는 중요한 조건입니다. 확실히 어떤 환경에서 태어나 자라고 어떻게 살아가느냐는 사람에 따라 다르며 좋은 조건을 가진 사람과 아닌 사람이 분명히 존재합니다.

다행히 경제적으로 넉넉한 집안에서 건강하게 태어나고 외모도 뛰어난 데다 형제자매도 모두 자상하고 친구들은 전부 다 좋은 사람들뿐인, 고민할 게 딱히 없는 환경에서 태어난 사람이 있는가 하면, 태어날 때부터 몸이 약하고 집안은 경제적으로 힘들고 외모도 볼품없고 형제들과 사이도 좋지 않고 또한 다니던 학교는 분위기도 안 좋고 고민이 있어도 들어주는 사람하나 없는 환경에서 태어난 사람도 있습니다.

불운을 탓해 봐야 아무런 도움이 되지 않는다

"저는 불운을 타고 태어났어요."

이렇게 비련의 주인공처럼 자신의 출생과 성장 환경을 원망하면서 포기한다거나 "사람은 그래도 평등하다"고 아무리 주장한들 당신이 살아가는 상황은 조금도 달라지지 않습니다.

가난한 집안에 태어난 사람은 부자 집안에 태어난 사람보다 경제적으로 불리하겠지요. 육체적으로 약하게 태어난 사람은 건강하게 태어난 사람을 체력 면에서 이기지 못합니다. 인물 좋은 부부 사이에서 태어난 사람에 비하면 그렇지 않은 사람은 외모로 고민하는 일도 있을지 모릅니다. 하지만 그런 사실을 한탄해 봐도 실제로는 아무런 이득이 없습니다. 처음부터 격차를 안은 채 태어났으니까요.

저도 부자인 부모 밑에서 태어나 일하지 않고도 하고 싶은 것을 마음껏 하면서, 놀랄 만큼 현명하고 다정하며 건강한, 완전무결한 사람으로 살고 싶었습니다.

하지만 타인을 부러워한다고 해서 상황은 그 무엇 하나 달라지지 않습니다. 우선은 이 불평등을 있는 그대로 받아들이고 '구체적으로 어떻게 해야, 또 무얼 해야 내가 원하는 일을 실제로 이룰 수 있을까?' 하고 현실과 마주할 각오를 하지 않으면 지금보다 더 나은 인생을 살 수 없습니다.

만화 〈피너츠〉에서 스누피도 이런 말을 자주 합니다.

"나눠 받은 카드로 승부할 수밖에 없는 거야!"

나에게 없는 조건이나 도저히 불가능한 것을 바라면서 신세를 한탄할 게 아니라, 아무리 볼품없다고 생각된다 해도 내가 갖고 있는 카드(성격이나 재능 등)로 승부해 나갈 것을 결심하고 그 카드를 어떻게 사용할지를 고심하는 것이 인생을 좋은 방향으로 바꾸는 출발선입니다.

지금은 별로 가치가 없다고 생각되는 당신의 카드도 스스로에 대한 깊은 이해가 더해지면 최강의 카드가 될 가능성을 내포하고 있다는 사실을 반드시 기억하세요.

기억하기 '인간은 평등하지 않다'는 냉혹한 현실을 받아들이고 나에게 주어진 카드로 승부해야 한다.

주어진 조건 안에서
지금보다 더 나아지는 방법

남들이 손쉽게 하는 일을 나는 하지 못하는 경우에 그 일을 포기해야만 할까요?

전혀 포기할 필요 없습니다. 앞서 말했듯이 자신이 갖고 있는 카드로 승부하는 방법을 찾으면 됩니다. 실제로 일을 잘하거나 공부를 잘하는 사람도 모두 똑같은 조건이 아닌 경우가 많습니다.

공부로 말하자면 혼자 교과서로 공부해서 전 과목을 만점을 받는 사람도 있습니다. 부자인 부모가 참고서를 많이 사주거나 일대일로 과외를 시켜 줘서 성적을 올리는 사람도 있을 겁니다. 돈은 없지만 마침 공부 잘하는 똑똑한 친구가 무료로 가르쳐 줘서 성적을 올린 행운아도 있을 수 있겠지요.

이때 '그 사람은 원래 똑똑하니까' '저 사람은 부자니까' '그 사람은 좋은 친구가 있으니까' 하고 타인과의 차이만 보고 불평하는 건 이제 그만두세요. 그러지 말고 자신이 갖고 있는 카드를 사용해서 같은 조건을 만들려면 어떻게 해야 할지 지혜를 짜내는 것이 바람직합니다. '공부하는 방법을 몰라서 성적이 안 좋으니까 교과서에 나오는 기본 문제만큼은 선생님에게 질문해서 풀어 보자' '돈은 없지만 형이나 언니가 쓰던 참고서는 연도가 달라도 사용할 수 있으니까 나에게 줄 수 있는지 물어 봐야지' 이런 식으로요.

자신은 노력하는데도 보상받지 못한다고 말하는 사람은 대개 이러한 궁리조차도 하지 않은 게 아닐까요?

다른 사람들과 똑같이 노력해도 안 된다면 현실을 인정하고 그들과 다른 방법을 찾아 새로운 시각을 삶에 적용해 보세요. 중요한 것은 "나는 못 해!"라며 단념하지 않고 할 수 있는 일을 찾는 것입니다.

기억하기

내가 처한 상황에서 내가 할 수 있는 일을 찾자.

좀 게을러도 괜찮아

갑작스러운 말일지 모르지만, 저는 굉장히 게으른 사람이어서 틈만 있으면 게으름을 피우는 편입니다. 비효율적인 일에 노력을 쏟아붓는 일은 무의미하다고 생각해서 무척 싫어합니다. 여러분도 비효율적인 일을 철저히 회피하기 위해서라면 게으름뱅이가 되어도 괜찮다고 생각합니다.

게으른 사람일수록 효율화를 꾀하려는 힘을 감추고 있다는 사실을 잊어서는 안 됩니다. 하지만 병원에 찾아오는 내담자 중에는 자신이 쓸모없는 인간이라고 말하는 사람이 많은데, 대개 자신은 욕심이 많고 게으른 데다가 노력도 하지 않는다는 점을 그 이유로 말하더군요.

애초에 '게으름 피우고 싶다, 편해지고 싶다, 애쓰고 싶지 않다, 노력하고 싶지 않다'라고 생각하는 것이 잘못된 걸까요? 나쁜 사고일까요?

대답은 '아니오'입니다. 오히려 그런 게으름이 인류의 문화와 기술을 발달시켜 왔습니다. 구체적인 예를 들어보겠습니다.

저는 전자동全自動을 무척 좋아합니다. 버튼 하나만 누르면 된다니 꿈 같은 세상이지요. 게다가 대체로 전자동의 발상지는 미국으로 알려져 있습니다. 미국인은 효율적인 일을 무척이나 좋아해서 일을 손쉽게 완료하기 위해서라면 어떠한 노력도 아끼지 않는다고 합니다.

좋은 사례로 '세탁'을 꼽을 수 있습니다. 원래 세탁은 말도 못 하게 힘든 중노동이었습니다. 옛날에는 수도 시설도 완전히 갖춰져 있지 않았기 때문에 빨래하기에 좋은 깨끗한 물이 있는 강가까지 애써 빨랫감을 가지고 가서 손으로 주무르고 발로 밟고 돌로 두드려야 했습니다.

그 후 빨래판과 빨래통을 개조해 세탁물을 빙글빙글 돌려서 빠는 기계가 개발되었고, 편하게 세탁하고 싶다는 욕망은 더욱 커져 '전기식 세탁기'가 미국에서 개발되기에 이르렀지요. 1900년대 초 무렵에 알바 존 피셔Alva John Fisher라는 미국인이 전기식 세탁기의 최초 특허를 개인명으로 취득했다고 합니다(그전에도 특허는 취득되어 있었지만 기업명으로 등록되어 있었는지, 알려진 바로는 알바 존 피셔가 전기식 세탁기 발명의 아버지로 불리고 있습니다).

이후 미국에서는 중노동으로 인식되던 세탁을 전기식 세탁기가 맡아 했지만 유럽에까지 전기식 세탁기의 흐름이 전파된 것은 1930년 이후입니다.

이렇듯 '중노동에서 해방되기 위해 연구한다'는 미국인의 감각은 문화적 생활을 발전시키는 데 매우 중요한 토대였습니다. 덧붙이자면 2009년에 가톨릭교회의 반공식半公式 신문이 "중노동에서 여성을 해방하는 중요한 마일스톤(목표를 달성하는 데 어디까지 진척되었는지를 쉽게 알 수 있는 지표)이었다"고 세탁기 개발에 관해 언급했습니다. 2009년이 되어서야 겨우 언급되었다는 느낌도 있습니다만, 어쨌든 게으름 피우고 싶다, 편해지고 싶다는 인간의 욕구는 문화 수준을 크게 끌어올리는 데 반드시 필요한 조건이지요.

동물은 기본적으로 욕구가 없으면 살아갈 수 없습니다. 식욕이 없으면 먹지 않아 죽게 될 것이고 수면욕이 없으면 과로사할 것이며 전 인류에게서 성욕이 사라진다면 인류는 멸망하고 말겠지요.

욕구나 욕심이 있다고 해서 나쁜 인간이 아니라는 사실을 분명히 말해 두겠습니다. 경계해야 할 것은 '과욕'이지요. 무엇이든지 지나친 건 미치지 못하는 것이나 다름없으니까요. 지나친 욕심은 아무리 좋은 일이라도 전부 허사로 만들기 마련이므로 무슨 일이든지 적당하게, 조금만 욕심을 내며 살아가도 된다는 사실을 우선 이해해야 합니다.

기억하기

게으름 피운다고 해서 쓸모없는 인간이라는 생각은 오해다.

힘들게 고생하는 것은
미덕이 아니다

더 편해지고 싶다고 생각해도 좋습니다. 아니 그렇게 생각해야 합니다. 뭐든지 간에 일편단심으로 달려들어 힘들게 고생하는 것이 미덕이 아닙니다. '고생하는 것이 좋은 일'이라고 나에게 '맞지 않고 할 수도 없는 일'을 강요한다면 나의 시간과 수고 그리고 에너지를 허비하게 됩니다.

고생하는 사람이 뛰어난 사람이라고 한다면, 옷을 손수 만들지 않고 매장에서 사는 것도, 청소할 때 청소기를 사용하는 것도, 뭔가를 조사하거나 음악을 듣는 데 스마트폰을 사용하는 것도 전부 게으른 행위겠지요. 그런 기준대로라면 현대 사회를 살아가는 사람들 대부분 형편없는 인간이 되고 맙니다.

누군가를 보며 "게을러터졌어!" 하고 화를 내는 사람은 지금 어떤 생활을 하고 있나요? 문명을 누리며 살아가고 있다면 누군가에게 "더 고생하라"고 말할 권리는 없으며, 고생을 미덕으로 자급자족해서 생활하고 있다고 해도 그것은 그 사람이 하고 싶어서 하는 것이니 당신의 생활과는 전혀 관계가 없습니다.

사람은 편해지고 싶어 하는 게으른 마음을 원동력 삼아 문명을 발달시켜 왔습니다. 그러므로 **나에게 맞지 않는 방식을 어떻게 하면 나에게 맞는 방법으로 바꿀 수 있을지를 궁리해서 덜 고생하며 목표를 달성하는 데 전력을 기울이면 됩니다.**

인간은 모두 다릅니다. 그렇기에 삶이나 일에서도 목표를 향해 가는 방식이 각기 다를 수밖에 없습니다.

기억하기 **편해지고 싶다는 게으른 심정을 원동력 삼아 덜 고생하며 목표를 달성하자.**

아무리 사소한 일에서도
만족감을 얻을 수 있다

저도 그렇습니다만, 세상의 많은 사람이 온갖 장애를 극복하고 꿈을 향해 나아가는 멋진 삶을 살고 있지는 않습니다. 모두 별생각 없이 중학교와 고등학교에 진학하고, 모두 다 가니까 따라서 대학에 가거나 취업 활동을 거쳐 사회에 나가 일을 시작합니다. 그러다 어느 날 문득 '아! 난 뭘 하고 있는 거지?' 깨닫고는 고민에 빠지게 되는데, 사람마다 이 시기가 더 빠르냐 더 느리냐의 차이가 있을 뿐이지요.

특히 코로나19로 인해 지금까지 일해 오던 방식이 상당히 달라지면서 고민이 더 늘어났습니다. 더는 운영할 수 없게 된 회사도 많아지고 업무 형태도 재택근무로 바뀌기 시작했습니다. 어떤 사람은 일자리를 잃고 어떤 사람은 새로운 일을 창출하는 등 수많은 사람이 지금껏 익숙하게 꾸려 왔던 것들이 갑작스럽게 변하는 상황에 놓이게 되었습니다.

'앞으로 나는 어떻게 해야 하는가?'를 진지하게 생각하지 않고는 살아가기 힘든 시대가 된 것이지요. 그런 말을 해 봐야 대부분의 사람은 '나는 누구인가?'라는 생각을 하지 않았기 때문에 어떻게 해야 좋을지 알지 못하는 것은 당연합니다.

알지 못하는 일을 깊이 생각하는 데도 익숙하지 않기 때문에 '나한테 장점 같은 건 없으니까'라고 부정적으로 '생각한 척'하며, 그만 사고를 정지하고 싶어 하지요.

자기 자신이 싫고 가치가 없다고 단언할 수 있다면 한 번 '나는 내 이런 점이 싫어' '이럴 때 괴로워' 하는 점을 하나씩 짚어 보세요. 제대로 알지 못하고서 '괴롭다' '힘들다' '나 자신이 싫다'고 말해 봐야 아무런 대책도 나오지 않습니다.

정말로 바뀌고 싶다면 어쨌든 아무리 사소한 일이라도 해 보는 것이 무엇보다 중요합니다.

나의 싫은 점을 생각해 보고 어떻게 하면 더 나아 보일지 나름대로 대책을 생각하는 습관이 붙는다면 일에 들이는 노력과 시간은 줄어들고 응용의 폭은 넓어져 어떤 일이든지 적응할 수 있게 됩니다.

주위를 둘러보면 스스로 선택한 방법이 결과적으로 자신을 잃게끔 만든다는 사실을 좀처럼 깨닫지 못하는 사람들이 많습니다. 하지만 그건 당신 잘못이 아닙니다. 그밖에 다른 방법이 있다는 것을 아무도 당신에게 가르쳐 주지 않았으니까요. 혹은 배울 기회가 있었다고 해도 필요성을 알지 못했을 것이고 도전해서 좌절하는, 실패에 익숙해지는 경험을 하지 못했을 뿐이지요.

오늘, 지금 이 순간이 당신의 인생에서 가장 젊은 순간입니다. 지금보다 빨리 시작할 수는 없으니 지금 결심해야 합니다. 결심이 섰다면 이제 행동하는 방법을 구체적으로 생각해 보면 됩니다.

기억하기 자신의 어떤 점이 싫은지, 어떨 때 괴로운지 파악해 재점검하고 대책을 생각해 본다.

본성은 바뀌지 않지만
살아가는 방식을 바꿀 순 있다

자신을 근본부터 바꾸고 싶어서 본격적인 이야기가 언제 시작되는지를 기다리며 지금까지 읽은 분들에게 여기서 아쉬운 사실 하나를 알려드리겠습니다.

인간의 본성은 아무리 애써도 평생 바뀌지 않습니다.

정신과 의사이자 발달 장애를 가진 제가 말하는 것이니 아무래도 틀림없을 겁니다. 마음에 들지 않는 성격이나 본성을 바꿀 수 있게 도와주는 것이 정신과 의사의 역할이 아니냐고 생각할지도 모르겠습니다. 하지만 사람들이 자주 착각하는 것을 말하자면, 의사는 대부분의 병을 완치시키지 못합니다.

무슨 말이냐고 반문하고 싶으신 분들도 있겠지요. 그러나

'감기'와 같은 일시적인(경우에 따라서는 후유증이 평생 남기도 합니다) 감염증이나 일부 질병에만 '완치'라는 단어를 사용할 수 있습니다.

비교적 증상이 안정된 경우는 '완화(백혈병, 몇몇 암, 천식 등)'라는 용어를 사용하는데, 이는 치료를 그만둔 후에 증상이 재발할 가능성이 있음을 가리키는 말입니다.

우리 주위에서 흔히 볼 수 있는 당뇨병이나 고혈압의 경우도 환자에게 계속 투약하고 있다는 것은 증상이 더 악화되지 않게 조절하고 있는 상태라는 뜻이며, 식생활이나 생활 습관을 극적으로 바꾸지 않는 한 '완치'가 되는 일은 굉장히 드뭅니다. **다만 본성이 바뀌지 않는다는 말이 곧 일생 동안 살아가는 방식을 바꿀 수 없다는 의미는 아닙니다.**

지금까지 강조해 왔듯이 성격이 그대로라도, 본성이 부정적인 편이라고 해도 현실적인 문제에 직면했을 때 그것을 어떻게 받아들이고 어떻게 행동할지 그 방법을 약간 바꿈으로써 삶에서 느끼는 괴로움은 충분히 줄어들고 쾌적한 나날을 보낼 수 있습니다.

따라서 그 첫 단계는 성격이나 사고 습관, 문제가 일어났을 때 대처 방법, 사물을 받아들이는 과정 등을 통해 자신의 본질을 분명히 인식하는 일입니다.

그다음은 어떤 원인으로 인해 잘 살아갈 수 없는지 분명히 이해하고 스스로 조절하는 비결을 배우는 것, 즉 삶이 편해지도록 방식을 바꿔 가는 것이 중요합니다.

이는 발달 장애나 인격 장애뿐만 아니라 조현병이나 우울증을 겪고 있는 사람을 치료하는 데도 매우 중요합니다.

감추고 싶은 것은 감춰도 된다

살아가면서 제가 ADHD와 우울증을 앓고 있다는 사실을 남들에게 일일이 다 설명하지는 않습니다. 다만 ADHD에 관해서는 정신과 의사로서 환자를 진료하는 이상, 설명해 두는 편이 좋다고 생각해 병원의 채용 면접 때 솔직히 이야기했습니다.

그때 "그로 인해 업무에 지장이 되는 일이 있습니까?"라는 질문을 받고는 "치료를 받고 있고 현재 상황으로는 거의 아무 지장 없습니다"라고 대답하자 그 이상은 묻지 않았고 그렇게 지금까지 일하고 있습니다.

종종 지각을 한다거나 부주의로 인한 실수가 잦다거나 집중력이 유지되지 않는다는 단점은 있지만 약을 제대로 먹고 차질을 빚기 쉬운 상황을 이해하고 조심하기만 하면 지각이나 실수를 하지 않고 집중할 수 있습니다.

실제로 치료를 시작하고부터 저는 의태를 잘 활용해서 표면상으로는 ADHD로 인한 문제가 일어난 적이 없었습니다(속으로 꽤 안절부절못하는 경우는 종종 있습니다).

간혹 우울증 때문에 퇴직한 사람들에게서 "재취업할 때 이 사실을 직장에 털어놓아야만 할까요?"라는 질문을 받습니다. 하지만 저는 진료해 보고 일을 쉬어야만 할 정도의 이유가 없는 이상, 직장에 뭐든지 알리는 것은 그다지 권하지 않습니다(장애인고용촉진법에 따른 경우는 제외).

그 이유는 오늘날의 사회에서는 사실을 밝힌 순간부터 직장 쪽에서 유난히 의식하면서 신경을 써 준 나머지, 당신이 할 수 있는 업무인데도 배제되어 기회를 잃는 일이 생기기 때문입니다.

이는 "무좀이 있어요" "성형을 했어요" 하고 일일이 공개하지 않는 것과 마찬가지입니다. 법적으로도 말할 의무는 사실 없습니다(보험에 가입할 때는 솔직히 말해야 하지만요).

나에 대해 다 털어놓지 않는 것이 약점으로 느껴진다면 그것은 당신이, 주위 사람들은 뭐든지 솔직히 밝히고 당당하게 살아가고 있다고 착각하고 있는 것입니다.

실제로는 그렇지 않습니다. 사람은 누구나 감추고 싶은 것이 있는 게 당연합니다. 이 세상에서는 사람들 모두 드라마 속 인물처럼 자기 자신을 연기하고 있는 것이지요.

오히려 전부 다 밝힌다면 그 이야기를 들은 사람이 어떻게 대응해야 좋을지 몰라 난감해하는 경우가 생길 수도 있습니다.

어떤 면에서는 적당히 감추는 태도야말로 사회인으로서 사회를 혼란하지 않게 하는 매너입니다.

따라서 무언가를 감추고 있다는 사실을 비하할 필요가 없으며 끝까지 연기하고 있는 스스로에게 자긍심을 지니면 됩니다.

기억하기 **인간의 본성은 바뀌지 않지만, 인생이 편해질 수 있는 방향으로 사고를 바꿀 수는 있다.**

과연 '나다움'이란 무엇일까?

"나답게 살아간다"는 말은 최근 몇 년간 '이상적인 삶'을 살아가는 데 꼭 필요한 키워드로 부상했습니다. 저를 찾아오는 내담자 중에도 "저는 저답게 살아가지 못하고 있어요. 그래서 사는 게 너무 괴롭습니다"라며 고민을 털어놓는 분들이 꽤 많습니다.

하지만 과연 '나다운 것'은 행복하게 살아가는 데 어느 정도 필요할까요? 그리고 '나답지 않은 것'이 전부 인생을 괴롭게 만드는 요인일까요? 다시 한번 생각해 볼 필요가 있습니다.

이번에는 '나다움'에 지나치게 집착한 사람의 이야기를 들려드리겠습니다.

I씨는 중학교 때 수업에서 본 그림에 매료되어 많은 그림을 보러 다니면서 자신도 그림을 그리고 싶다는 생각에 미술 전문학교에 진학했습니다. 주변에서는 "그림은 취미로 하면 되지 않아?"라고 말했지만 I씨는 무슨 일이 있어도 그림 그리는 일을 직업으로 하고 싶었고, 그것이 분명 자신다운 길이라고 생각했지요. 전문학교를 졸업한 후에는 학생 시절에 아르바이트를 해서 모은 돈으로 전용 작업실을 마련해 자신이 원하는 작업 환경을 갖췄습니다. 그리고 싶은 그림만 그리며 살아가기 위해 만반의 준비를 했던 것이지요.

그런데 역시 길은 험난했습니다. 자신이 그리고 싶어서 그린 작품은 좀처럼 팔리지 않았고 부모의 조언에 따라 그린 대중들이 '좋아할 만하고' '구매하기에 부담 없는' 작은 사이즈의 그림들이 약간 팔리는 정도였습니다(그것도 무척 대단한 일이라고 생각합니다만).

작업실 유지비와 그림 도구 구입비 그리고 자신의 생활비는 아르바이트로 충당하는 수밖에 없다는 것을 알지만, 그렇게 마음먹는 순간 그림에만 전념할 수 없게 되는 상황이었습니다.

I씨는 점점 '나는 왜 이러고 있는 거지?'라며 고민하게 되었고 결국은 그렇게 즐거웠던 그림 그리는 일이 고통스러워져 우울증이 찾아왔습니다. '나답게 사는 것'에 대한 집착이 오히려 그의 삶에서 유연성을 빼앗은 셈이었지요.

일부는 자제하면서
나답게 살아가는 것처럼 보여라

애초에 '나다움'이란 무엇일까요? 내가 좋아하는 일을 하고 있을 때는 나다운 걸지도 모릅니다. 하지만 이 사례처럼 자신이 그토록 좋아하는 일을 하기 위해서 노력과 시간을 다른 일에 쏟아야 하는 건 행복한 일이 아니므로 '나답지 않다'라는 결론으로 연결하는 것은 잘못된 사고입니다.

좋아하는 일도 마음이 내키지 않는 일도 통틀어서 당신이 하는 일은 모두, 다른 누구도 아닌 당신이 당신답게 살기 위해서 하고 있는 일임에 틀림없습니다.

모든 것은 전체로 바라보지 않으면 균형이 무너지고 맙니다.

그런데 텔레비전이나 온라인에서는 누군가가 자신이 좋아하는 일만 하면서 원하는 대로 이루고 살아가는 부분만을 '나답게 살아온 성공한 인생'으로 소개합니다.

이는 축구 선수가 골을 넣는 장면만 편집하는 것과 같아서 그 순간을 위해 수없이 거듭해 온 힘든 훈련과 축구를 계속하기 위해 필사적으로 준비해 온 시간 등은 마치 없었던 것처럼 착각하게 만들지요.

다시 말해 나답게 살아간다는 것은 단순히 내가 좋아하는 일만 하는 것을 뜻하지 않습니다. 얼마나 사회적으로 적합하면서도 '나답게 살면서 행복해지느냐'가 중요합니다. 사회 속에서 **의태**하는 것은 이렇게 '어느 일정 부분을 자제하면서 언뜻 보기에 나답게 살아가는' 듯이 주위에 보이는 일입니다.

기억하기 나답게 살아간다는 것은 단순히 좋아하는 일만 하는 것을 의미하지 않는다.

3장

나를 지키면서
세상에 적응하기 위한
습관

습관을 깨는 일은 생물계에서는
죽음의 위험에 다가가는 것을 의미합니다.
하지만 깨부수지 않으면 결코 새로운 변화는 찾아오지 않습니다.
새로운 행동에 나서면 손해라고 생각될지라도
어쩌면 새롭고 설레는 세계가 열릴지도 모르는 일이니까요.

습관1

무리하지 않는 선에서
가면 쓰기

신데렐라 이야기를 모르는 사람은 아마 없을 겁니다. 계모와 심술궂은 이복 언니들에게 괴롭힘을 당하던 신데렐라는 무도회가 열리던 밤에 이렇게 중얼거립니다.

"나한테도 무도회에 갈 드레스와 보석 장신구가 있으면 얼마나 좋을까!"

신데렐라도 "나는 나답게 하고 갈 거야, 드레스나 보석 같은 거 없어도 상관없어. 이 모습 그대로 무도회에 가야지!"라고는 말하지 않았습니다.

집안 좋고 외모도 어여쁜 신데렐라도 무도회에 어울리는 옷차림을 준비하지 못하면 그 자리에 참석할 자격이 없으며 부끄럽다고 생각하는 것은 충분히 이해가 됩니다. 무도회라는 행사에 가려면 그 나름대로 준비가 필요하며 예의와 형식을 갖춰야 하니까요. 이는 과거 유럽의 귀족 사회에만 해당하는 이야기가 아니라 현대 사회에서도 마찬가지입니다.

집에서는 대충대충 흐트러져 있는 사람이라도 회사에 갈때는 '흐트러지지 않는 사람'의 가면을 쓰며, 대개 집에서는 자유분방하게 옷도 거의 걸치지 않는 사람도 밖에 나갈 때는 마치 평소에도 제대로 옷을 갖춰 입는다는 듯 가면을 쓰고 외출할 것입니다.

회사에서 언제나 싱글싱글 웃고 있는 사람이 어쩌면 집에서는 어두운 표정으로 지낼지도 모릅니다. 실제로 무슨 일이 있든, 누구에게 무슨 말을 듣든 늘 온화한 의사 선생님이 집에 돌아가자마자 일에 대한 불만을 터트리면서 술을 들이켤 수도 있겠지요.

그만큼 모두 노력해서 세상에 맞추고 있거늘, 별생각 없이 남의 성과를 질투하는 사람은 그 일에 대해 그다지 진지하게 생각해 보지 않았을 확률이 높습니다.

예를 들어 보겠습니다. 당신은 매사 불합리한 과장과 사이가 좋지 않아 회사에 가는 것이 괴로워 미칠 지경입니다. 그런데 옆자리 직원은 과장에게 방실방실 웃으며 "네, 잘 알겠습니다. 최대한 빨리 처리하겠습니다" 하고 시원하게 대답합니다. 그 모습을 보고 당신은 "저렇게 긍정적인 사람은 좋겠어. 나도 긍정적이라면 인생이 참 편할 텐데"라며 부러워할지도 모릅니다.

하지만 그 직원이 진심으로 우러나오는 긍정적인 마음가짐으로 그렇게 행동하는 것인지는 아무도 알 수 없습니다. 실제로는 '아, 그 과장은 날마다 왜 이러는 거야? 상사라면 부하 직원이 더 기분 좋게 일할 수 있는 근무 환경을 생각하는 게 일이잖아! 뭐, 이런 말 해 봐야 아무 소용 없지……' 이런 생각을 가슴속에 감추고 겉으로만 온화하게 웃음 짓는 건지도 모르지요.

무슨 일이든 잘하는 사람을 보면 부럽기 짝이 없지만, 막상 속마음을 들어 보면 의외로 남들보다 더 고생하고 있는 경우도 자주 있으니까요.

무리하지 않는 선에서
적당한 노력이 필요하다

매번 근사한 식당을 다니며 SNS에 소개하는 사람은 수입의 상당 부분을 식비로 사용하느라 그 외의 생활필수품은 아끼며 빠듯하게 살고 있을지도 모릅니다. 연인과 알콩달콩한 연애 이야기를 SNS에 올리는 사람도 사실은 애정이 식어 있는 상태일지도 모르는 일이지요. 백조는 곁에서 보면 물 위를 우아하게 헤엄치고 있는 것 같지만 수면 아래에서는 있는 힘을 다해 발을 버둥거리며 앞으로 나아가고 있습니다. 세상의 모든 사람이 대개 남들에게는 보이지 않는 곳에서 노력하고 있거나 남모르는 스트레스를 안고 있기 마련입니다.

아무 노력도 하지 않고 대단한 성과를 올리는 사람은 드물며, 모두 어떻게든 좋게 보이려고 가면을 쓰고 더 좋은 모습을 내보이고 있는 것입니다.

그 점을 잘 이해해서 **무리하지 않는 선에서 쓸 수 있는 가면을 쓰고서 세상을 살아갈 준비를 하면 됩니다.** 물론 살아가는 게 힘들다고 느끼면서도 그것을 속일 가면을 쓰는 데 능숙하지 못한 사람도 있을 것입니다.

하지만 '세상에 **의태**하는 기술'을 조금씩 실천하려고 노력하면 '아무 노력도 하지 않아서 좋겠다'며 다른 사람을 오해하고 부러워하는 데 쓸데없는 시간을 낭비하지 않고 지낼 수 있습니다.

결점을 고치지 않고도
더 나아 보이게끔 하는 방법

이 세상에 결점 없는 사람은 존재하지 않습니다. 애초에 결점을 없애는 노력이란 상당히 어려운 목표라고 할까요. 아무리 자신의 결점이 싫다고 그것을 고치려고 노력해도 완벽하게 없앨 수는 없습니다.

그래서 권하고 싶은 방법이 계속 강조한 '결점이 눈에 띄지 않으면서도 더 나아 보이게끔 하는 임시방편, 즉 가면을 쓰는 것'입니다. 임시방편으로도 괜찮다면 완전히 고치는 것보다 조금은 쉽지 않을까요?

물론 임시방편이라는 표현을 사용하면 근본적으로 해결되는 건 아니라고 염려하는 사람도 있을 겁니다.

가령 성격이 급하고 싫은 소리를 들으면 금방 욱해서 상대에게 화를 내는 사람은 당연하지만 다른 사람들이 그다지 좋아하지 않겠지요. 그런 사람에게는 몇 초만 아무 말 하지 않은 채 분노가 극에 치닫는 순간을 넘겨 보는 연습이 필요합니다. 그렇게 할 수 있느냐 없느냐로, 힘들게 느껴지는 삶이 달라질 것입니다. 괴로움을 해소하기 위한 사소한 방법, 임시방편을 몸에 익혀 보세요.

기억하기 **임시방편일지라도, 무리하지 않는 선에서 가면을 쓰는 것부터 시작하자.**

습관2

지금 당장 버려야 할
세 가지 부정의 단어

앞에서도 말했듯이 조금 더 수월하게 살아가려면 사물을 인식하는 관점이나 어려운 일이 닥쳤을 때 어떻게 행동하느냐 하는 사고방식을 바꿀 수밖에 없습니다.

물론 쉽지 않습니다. 그러니 우선은 의도적으로라도 '행동'에 변화를 주세요. 그 첫걸음은 '말투'를 약간만 의식해서 바꿔 보는 겁니다.

그 가운데서도 가장 효과가 크면서 또 고치기는 의외로 쉽지 않은 것이 '하지만' '그게 아니라' '어차피' 이 세 가지 부정의 단어를 사용하지 않는 것입니다.

'하지만' '그게 아니라' '어차피'를
사용하면 안 되는 이유

가능한 한 말할 때 '하지만' '그게 아니라' '어차피'로 시작하지 않도록 조금씩 연습해 보세요. 하루에 단 몇 번이라도 괜찮으니 우선 시작하는 게 중요합니다.

실제로 이 단어들을 사용하지 않으려고 생각하기만 해도 꽤 불편을 느끼는 사람이 많을 겁니다. 그렇더라도 일단 도전해 보면 대화할 때 여러 가지가 눈에 보이고 달라지는 것을 느낄 거예요. 다소 과장하자면 인생이 크게 달라집니다.

이유는 간단하지요. **이 단어들이 전부 '부정'의 뜻을 내포하고 있기 때문입니다. 대화를 시작하면서 부정하기를 멈추면 대화의 개혁이 이루어질 것입니다.**

제가 조금 전에 '인생이 크게 달라진다'고 했을 때 당신은 '어차피 나는 못 할 텐데……'라고 생각하지 않았나요? 이 말이 나온 순간에 앞으로 제가 하려는 말이 전부 부정되는 것입니다. 실천해 보려는 의욕도 완전히 떨어지고 제가 아무리 설명해도 머리에서는 '나는 할 수 없어' 하고 전혀 받아들이지 않는 상태로 변하지요. 애써 여기까지 읽었는데 '어차피'라고 생각한 순간, 돈과 시간 그리고 체력을 완전히 허비한 셈이 됩니다. 아깝기 짝이 없는 일이지요.

'하지만' 행복해지고 싶고, 조금 더 편안하게 살고 싶은 소망이 아직 남아 있다면 이때의 부정은 좋습니다.

진료에서도 자주 있는 일입니다만, 정신과 의사가 아무리 훌륭하고 경탄할 만한 조언을 해도 내담자의 대답이 부정의 말로 시작된다면 의사의 조언은 아무 소용이 없습니다.

"상사의 말투가 어딘지 모르게 저를 질책하는 느낌이 들어요."
"그렇다면 상사가 하는 말을 가능한 한 무시하는 방법은 어때요?"
"하지만 상사의 자리가 바로 제 옆인걸요. 그걸 어떻게 하겠어요?"

지칠 대로 지쳐버린 사람은 이런 식으로 바로 부정하는 말이 튀어나오는 습관이 붙어 버린 경우가 많습니다. 부정부터 한다면 해결 방법을 생각할 여지도 없습니다. 그래서 내담자들을 진료하는 자리에서 저는 "'부정 언어 사용 금지'를 실천해 보시겠어요?" 하고 설명하면서, 좋고 나쁨은 둘째치고 내담자가 어느 정도 자주 부정의 단어를 사용하고 있는지 함께 확인합니다.

"지금 '어차피'라고 하셨죠?"라는 가벼운 느낌으로 세어 보곤 하지요. 완전히 습관이 되어 버린 경우는 갑자기 전면 금지로 못 박으면 대화가 원활히 이어지지 않으므로, 대화를 나누면서 부정의 단어를 말하게 될 때에는 "선생님, 지금부터 '하지만'이라는 말을 한 번만 사용할게요"라고 내담자가 먼저 선언하게 하고 있습니다.

그대로인 상황을 다르게 받아들이는 관점

부정의 말을 안 하는 것만으로도 정말 인생이 달라질까요? 저는 **확연히 달라질 것**이라고 생각합니다.

실제로 살아가는 데 어려움을 느끼는 사람들의 문제 중 80퍼센트는 해결되지 않을까 싶습니다. 그 이유는 고민이나 괴로움 대부분이 현재 상황에 대한 불만이기 때문인데요. 이 문제들을 해결하려면 현재 상황 자체를 바꾸든가, 아니면 현재 상황을 받아들이는 사고를 바꾸는 수밖에 없습니다.

당신이 "돈 많이 버는 직업을 가졌더라면 좋았을걸!" 하고 친구에게 하소연했다고 생각해 봅시다. 이 말을 들은 친구는 "그럼 돈을 더 많이 주는 직장으로 이직하면 되잖아?"라고 말했습니다.

이때 당신은 부정의 말을 내뱉습니다.

"하지만 말이야, 그렇게 조건 좋은 회사로 이직하기가 쉬울 리가 있냐?"

그러면 이 이야기는 끝이 납니다. 문제는 해결되지 않았고 불만은 전혀 없어지지 않았지요.

그렇다면 '부정의 말'을 안 하면 어떨까요?

"돈을 더 많이 주는 곳으로 이직하면 되잖아?"

"그럴까? 응, 그렇게 해 볼래."

그러고는 이직 사이트를 열심히 알아보면 혹시 정말로 연봉이 더 높은 일자리를 찾게 될지도 모릅니다. 물론 그리 쉽게 발견되지 않을 확률이 더 높겠지만요. 그러면 또다시 불만 단계로 돌아가게 될까요?

"잠깐 구직 사이트를 훑어봤는데 이직 활동을 하려면 역시 시간이 걸릴 것 같아. 지금은 이 일을 나름대로 열심히 하면서 가끔 사이트를 살펴봐야겠어."

"알아봤지만 생각보다 조건 좋은 회사가 없네. 지금 하는 일이 그나마 급여가 괜찮은 편이더라고."

"급여가 더 높은 회사는 있었지만 지금보다 일을 빡세게 해야 하나 봐. 이 일이 더 나을지도 모르겠어."

어느 쪽도 '현재 상황 자체'는 아무것도 달라지지 않았습니다. 그래도 불만으로 가득 차 고민하고 괴로워하는 상황은 약간 개선되었지요. 그 이유는 '하지만'이라는 부정의 말을 하지 않고, 일단 친구가 조언한 대로 시도해 본 결과, 지금 다니는 직장에 대한 막연한 불만을 다른 곳과 비교해 볼 기회가 생겼기 때문입니다.

'지금 환경은 이 정도 수준이구나' '아무래도 이직해야만 하려나?' '그렇게까지 애쓰지 않아도 될까?' '변화를 목표로 해서 노력할지, 아니면 현상을 유지할지 스스로 비교해 봤더니 유지하는 게 더 좋다는 판단이 섰어' 이런 식으로 '막연한 불만이 구체적으로 어느 정도인가'를 자기 나름대로 이해하고 받아들일 기회를 얻은 것이지요. 바꿔 말하면 '현재 상황을 받아들이는 관점'이 크게 달라진 결과, 상황이 바뀌지는 않았지만 불만이 줄어들어 조금 행복해졌다고 할 수 있습니다.

사람은 '현재 상황'이 어떤지를 제대로 이해하지 못하고 그 상황을 타개하기 위해 무엇을 해야 하는지를 모르는 경우에 막연한 괴로움을 느끼곤 합니다.

부정의 말을 그만두고 회피만 하던 습관을 바꿔 해결하기 위한 노력한다면 당연히 인생은 크게 변화되어 갈 것입니다.

부정의 말을 그만두면
현재 상황 자체가 크게 달라진다

이런 몇몇 부정의 말을 그만둠으로써 현재 상황을 받아들이는 사고와 태도가 달라져 불만이 어느 정도 줄어들기도 하고 때에 따라서는 해소되기도 합니다.

효과는 그뿐만이 아닙니다. 당신에 대한 타인의 평가가 달라지게 되므로 현재 상황 자체도 크게 변화할 가능성이 있지요. 그 이유는 '내가 만약 나에게 조언하는 쪽이었다면?' 하고 입장을 바꿔 생각해 보면 금세 알 수 있습니다.

지금까지 당신은 "이렇게 하면 좋지 않을까?" 하고 누군가가 조언을 해 줘도 "하지만……" "그게 아니라……" 이런저런 이유를 대면서 바로 부정하곤 했지요. 그런 모습을 상대는 어떻게 느꼈을까요?

좋은 기분이 들지 않았을 게 분명합니다. 어차피 진지하게 조언해도 귀담아듣지 않을 테니 신경 써 봐야 손해라고, 상대도 '어차피'를 사용해 당신에 대한 감정을 부정하게 될 것입니다. 적당히 대답하면서 흘려들어도 결과는 똑같을 테니 상대는 굳이 진지하게 당신의 일을 걱정해 주지 않겠지요. 이런 식이라면 다른 사람에게 유용한 조언을 들을 일도 거의 없어집니다. 그럴 수밖에요. 애써 당신을 위해 생각해 줘도 헛수고일 뿐이니까요.

상대도 당신과 똑같은 인간입니다. 기껏 진지하게 조언해 줬더니 상대가 '하지만'을 시작으로 부정하고 나선다면 앞으로도 상대를 위해 진지하게 생각할 수 있을까요? 그렇지 않겠지요.

그렇기에 부정의 단어가 습관처럼 입에 붙은 사람은 대화를 시작할 때 첫마디부터 엄청나게 손해를 보는 것입니다. 저는 내담자들에게도 이 말을 자주 해 줍니다.

"정신과 의사들은 당신이 아무리 계속 부정해도 당신이 괴롭다, 어떻게 하면 좋겠냐, 하고 상담하는 한 조언을 계속할 수 있습니다."

이를 뒤집어 말하면 의사와 내담자 관계도 아닌, 친구가 하는 말이라면 "아 그래? 으음" 하고 대충 대답할 수도 있다는 뜻입니다.

누구라도 자신이 하는 말을 모조리 부정하는 사람과 진지하게 대화를 나누고 싶어 하지 않을 것입니다. 부정만 하는 사람과 이야기해 봐야 즐거울 리가 없으니까요.

그래서 부정의 말을 입에 달고 사는 사람은 일이든 사생활이든 개선되고 나아질 기회를 잃고 점점 더 현재 상황에 대한 불만만 늘려가고 있는 것입니다. 이러한 악순환에서 한시라도 빨리 빠져나오는 것이 절대적으로 이득입니다.

부정의 말을 멈추면
조언을 받아들일 가능성이 커진다

애초에 다른 사람에게 조언을 구한다 해도 별로 도움되지 않는 대답이 돌아오는 경우도 많습니다.

"요즘 좀 우울한데, 이럴 때 읽으면 좋은 책 없을까?"

"내가 책을 별로 안 읽어서……. 하지만 기분이 처질 때는 OO밴드의 음악이 최고야. 들으면 엄청 기분이 좋아지거든!"

비록 원하던 대답이 아니라 해도 "한 번 찾아서 들어볼게. 고마워!" 이렇게 말하면 추천해 준 사람도 기쁘고 당신도 상대에게 좋은 인상을 남길 수 있습니다.

혹시 그 사람이 나중에 누군가에게서 좋은 책 정보를 듣거나 서점에서 좋은 책을 발견하면 당신에게 알려 줄지도 모르지요. 처음에 바로 "근데 그거 음악이잖아. 나는 책이라고 말했는데……"라고 핀잔을 준다면 다음 기회는 영영 오지 않습니다.

부정의 말을 그만두고 조언을 받아들이는 것이, 누군가 당신에게 지금 당장 답을 제시해 주지는 못하더라도 다음에 당신이 원하는 답을 해 줄 가능성을 깨뜨리지 않는 비결입니다.

 부정의 말을 하지 않으려는 노력만으로도 인생이 크게 달라진다.

습관3
자주 쓰면 좋은 긍정의 단어

세 가지 부정의 단어와 반대로 '사용하면 좋은 기회를 얻을 수 있는' 긍정의 단어들도 있습니다. 그중 가장 좋은 것은 단연코 **'그렇구나!'**일 것입니다. 성공한 사람들 가운데 의외로 많은 사람이 습관처럼 이 단어를 사용합니다.

"○○라는 밴드의 음악이 최고야. 들으면 엄청 기분이 좋아지거든!"

"그렇구나! 좋은 곡을 들으면 확실히 마음이 편안해지는 것 같아."

자신의 의견이 긍정적으로 받아들여졌으니 상대는 당연히 기쁘겠지요.

"맞아!"라든가 "그 기분 알아"라는 말도 마찬가지입니다.

어떻든지 간에 조언해 주고 기분이 좋아지면 '이 사람과 이야기하면 즐겁단 말이야' 혹은 '또 뭔가 정보가 있으면 알려 주고 싶어' 하는 마음이 들기 마련입니다.

이렇게 정보나 기회를 얻을 가능성을 늘릴 수 있도록 의식하면 불만이 가득하던 현재 상황이 조금씩이나마 분명히 바뀌어 갈 것입니다.

말투 하나만 바꿔도 미래에 일어날 일이 상당히 달라집니다. 공짜로 시작할 수 있고 손해는 보지 않는 일이니 꼭 실천해 보세요. 서서히 긍정적인 방향으로 나아갈 수 있을 거예요.

 기억하기

성공한 사람은 "그렇구나!"가 입버릇이 되어 있다.

습관4

나를 바꾸는 일을 이해득실을 따져
그만두지 말 것

사람은 어떤 일을 할 때 대개 그 행동이 일으킬 앞날의 결과를 상상합니다. 달콤한 과자가 먹고 싶다고 생각해 볼까요? 그러면 '이 시간에 먹으면 살쪄' '살찌면 좋아하는 옷을 입을 수 없게 될지도 몰라' 등 미래의 온갖 일이 머릿속에 떠오르겠지요. 많은 생각이 떠오른 뒤에 무엇을 선택할지는 이해득실을 감정한 결과일 것입니다.

나는 달콤한 과자를 먹어야 할까, 먹지 말아야 할까?

① 먹어야지. 그 뒤에 운동해서 먹은 열량을 소비하자.

② 먹어야지. 살찌면 그때 다시 생각하면 되니까.

③ 먹지 말자. 지금은 참아야 해.

뭔가 대체 수단을 준비할 것인가 말 것인가, 아니면 참을 것인가. 사람은 이해득실을 머릿속으로 따져 보고 그때 가장 이득이 될 거라고 생각하는 일을 선택합니다.

다만 손익을 감정한다고 해서 항상 올바른 결론을 내는 것은 아닙니다. 오히려 결과적으로 기회를 없애는 변명이 되기도 하지요.

행동을 바꾸지 않는 한, 현실은 달라지지 않는다

약간 부끄럽지만 제 이야기를 예로 들어 보겠습니다. 저는 학생 때부터 영어를 못했는데 최근 몇 년 동안 영어를 다시 공부하고 싶다는 생각을 하면서도 좀처럼 실천하지 못하고 있습니다. 역시 구실의 득실 감정이 작용하고 있기 때문이지요. 분명 영어를 못하긴 하지만, 일상생활에서 정말 영어가 필요할까 생각해 보면 꼭 그렇지도 않거든요. 영어를 잘하지 못해도 일하는 데 아무 지장이 없고, 만일 꼭 필요한 상황이 닥치면 그때는 스마트폰에도 통·번역 기능이 있으니 어떻게든 대처할 수 있습니다. 막상 공부할 시간을 확보하기도 쉽지 않거니와 돈도

들 테고, 게다가 ADHD인 저로서는 학원에 다닌다 해도 수업에 지각하지 않고 과제물을 꼬박꼬박 잘 제출하기가 어려울 것입니다.

그래서 결국 '하지 않겠다'는 쪽으로 결론을 내리게 되었습니다. 이런 상태로 지내는 한, 미래에도 영원히 제가 영어를 배우는 일은 없겠지요.

습관을 깨는 일은
위험을 무릅쓰는 가치가 있을지도 모른다

인간을 포함한 모든 생물은 원래 그다지 습관을 바꾸고 싶어 하지 않습니다. 건조 지대에서 서식하는 동물은 아마도 바다에 가까이 가지 않겠지요. 나무 위에서 살아가는 동물은 땅에 내려오기를 기피할 겁니다. 괜히 낯선 영역으로 넘어갔다가 그 순간 다른 동물에게 불시에 공격당할지도 모르니까요. 습관을 깨는 일은 생물계에서는 죽음의 위험에 다가가는 것을 의미합니다.

마찬가지로 인간도 이해득실을 가려서 판단할 때 대체로 '지금까지의 습관을 바꾸지 않는' 방향으로 나아갑니다. 어떻게든 자신의 선택지에 정당성을 부여해서 습관을 바꾸지 않는 것이 옳다고 스스로 납득시키려 하는 것이지요.

하지만 나무 위에서 생활하던 원숭이가 땅으로 내려와 사람으로 진화했다는 가설이 있듯 **어느 순간 습관을 깨부수지 않으면 결코 새로운 변화는 찾아오지 않습니다.** 결국은 득실을 따지며 투덜대지 말고 재빨리 행동하는 편이 오히려 좋은 결과를 가져올 가능성도 있다는 뜻입니다.

애초에 이 득실 감정은 올바른 계산법이 아닐지도 모릅니다. 득실을 따져 본 결과, 새로운 행동에 나서면 손해라고 생각될지라도 어쩌면 새롭고 설레는 세계가 열릴지도 모르는 일이니까요.

정작 영어 공부를 시작하지도 않은 제가 이렇게 말하면 설득력이 없을지도 모르지만 재빨리 행동하면 적어도, 할까 말까 하는 고민은 사라지겠지요.

기억하기

손해라고 생각했던 일을 함으로써 색다르고 설레는 세계를 만날지도 모른다.

습관5

'일단 5분만' 해 보자

"나쁜 습관을 고쳐야지!" 말하기는 쉽지만 정작 어떻게 해야 좋을지 누구나 고민합니다. 우선 조금이라도 좋으니 **지금 제동이 걸려 진행이 중단되어 있는 일을 진척시키는 연습**을 시작해 보기를 권합니다.

현재 브레이크가 걸려 멈춰 있는 일을 구체적으로 떠올려 보세요.

- 살펴보지 못한 서류 확인
- 주변 청소와 정리 정돈
- 사용하지 않는 신용카드 해지

- 유효 기한이 다 되어 가는 포인트 사용
- 사용하지 않으면서 지갑에 넣어 둔 포인트 카드와 스마트폰에 설치해 놓은 앱 정리
- 가지 않고 있는 헬스클럽 탈퇴

저는 이런 일들이 떠오릅니다. 어쨌든 무언가를 하겠다고 결정하고 한 가지라도 5분만 해 보세요. 실제로 해 보면 대부분은 금세 끝납니다. 하루에 한 번이라도 좋으니 그렇게 한 가지씩 실행해 가는 겁니다. 서서히 한 번을 두 번으로 늘리고 싶은 마음이 생기면 또 실행하면 됩니다. 시작하는 데 익숙해지면 그다음은 마치 톱니바퀴처럼 맞물려 돌아갈 겁니다.

신경 쓰이는 사소한 일을 얼른 시작해 착착 정리하기만 해도 지금보다 자신의 평가를 높일 수 있으며 더 큰 만족감을 느낄 수 있습니다.

기억하기 무언가를 하겠다고 결정한 뒤 한 가지만이라도 5분만 해 보자.

습관6
오늘 좋았던 일 기록하기

만약 실행할 일을 찾지 못했다면 그때 제가 권하고 싶은 방법은 일기 쓰기입니다. 대단한 일을 생각하지 않아도 괜찮습니다. 가벼운 마음으로 **오늘 좋았던 일이나 즐거웠던 일** 등을 노트나 메모 앱에 기록하는 것부터 시작해 보세요.

좋았던 일은 정말로 사소한 내용이어도 괜찮습니다.

점심으로 편의점에서 산 신상 주먹밥이 맛있었다.

길가에 피어 있는 민들레를 보고 왠지 기분이 좋아졌다.

근처에서 발견한 고양이가 귀여웠다.

집에 오는 길에 본 보름달이 예뻤다.

이런 글을 쓰는 게 의미가 있을까 싶을 정도로 소소한 내용도 상관없으니 많이 떠올려 보세요. 이렇게 일주일을 보내고 나서 그동안 쓴 글을 읽어 보면, 날마다 힘들고 괴로운 일밖에 없다고 생각했던 삶이 '어? 그래도 매일 좋은 일이 있었네?' 하며 다르게 느껴질 거예요. 바로 행동에 옮겨 스스로 만족할 만한 하루를 보내는 것이 중요합니다.

작은 일부터 시작해 자신을 좋은 방향으로 이끄는 '셀프 긍정 세뇌'를 꼭 시도해 보세요.

기억하기 오늘 좋았던 일과 즐거웠던 일을 노트에 기록하고 정기적으로 읽어 보자.

습관7

부정적인 감정을
일단 종이에 써 볼 것

부정적인 사고 습관이 배어 있다면 처음의 부정적 사고는 넘어
가도 괜찮습니다. 부정적인 사고를 떠올리는 뇌는 멈출 수 없
으니까요. 다만, 바로 이어서 긍정적인 사고로 덮어 씌우는 습
관을 들이는 것이 중요합니다.

**아침에 눈 떴을 때 너무 일어나기 싫었지만, 지금 이렇게 일어
나 있잖아. 정말 잘했어!**

**회사에 가기 싫어서 뭉그적거렸는데, 지금 이렇게 전철을 타
고 출근하고 있으니 오늘 난 얼마나 멋진 거야. 최고야!**

저는 이렇게 부정적인 생각을 긍정적으로 덧씌워 바꾸는 것을 **'부정의 긍정 변환'**이라고 부릅니다. 부정적인 생각이 자주 들어 고민이라면 꼭 긍정적인 사고로 전환하는 습관을 들이세요. 하루의 기분이 크게 달라지는 것을 경험할 수 있을 거예요.

효과를 높이고 싶은데 간혹 머릿속에서 덮어쓰기가 잘되지 않을 때는 종이에 써 보기를 권합니다. 종이에 적으려면 우선 한 번은 부정적인 사고를 드러내야 합니다. 거기에 긍정적인 내용을 더해 다시 사고를 정리하는 방법이지요.

이 과정에서 '이런 일로 이렇게까지 비굴해질 건 없잖아'라는 생각이 드는 타이밍이 오면, 머지않아 부정적인 사고가 어리석게 느껴질 날이 올 것입니다.

속는 셈 치고 꼭 해 보시길 바랍니다.

기억하기 부정적인 사고가 떠오르더라도 긍정적인 사고로 전환하는 연습을 하자.

습관8

칭찬에 너그러워지자

부정적인 사고를 긍정적인 사고로 전환할 수 있다면(완벽하지 않더라도) 그 방법을 인간관계에도 응용해 보세요.

자기 부정이 강한 사람들 가운데는 칭찬받는 데 익숙하지 않은 사람이 많습니다. '나는 그렇게 칭찬받을 정도로 대단한 사람이 아닌데……'라며 자신을 칭찬하는 데 강하게 제동이 걸려 있지요.

뒤집어 생각해 보면 자신보다 남이 더 뛰어나다고 여기는 관점을 가지고 있습니다. 그래서 자신을 칭찬하기보다는 타인을 칭찬하기가 더 쉽습니다. 이 연습을 하는 목적은 **'타인을 칭찬할 수 있는 내가 나를 칭찬해 준다'**는 일석이조 작전입니다.

그렇게나 싫은 상사에게 오늘은 "역시 대단하세요!"라고 칭찬할 수 있었다. 나는 마음이 넓고 자상하고 인품 좋은 사람이야!

싫어하는 상대나 거북한 사람을 칭찬하기는 심리적으로 어려울지도 모릅니다. 하지만 결과적으로 칭찬하는 나 자신을 칭찬하는 일이라고 생각하면 더 자연스럽게 칭찬하기를 실천할 수 있을 거예요. 칭찬을 받는 쪽은 그런 내막을 전혀 모르니 칭찬의 말(상당히 꼬여 있지 않은 한, 그리고 당신의 칭찬이 자연스럽다면)에 기뻐할 것입니다. 그 결과로 당신이 원하던 '상대에게 칭찬받는 나'의 모습에 한 발 한 발 가까워집니다. 이제 당신이 칭찬받기 위해서 나와 타인을 자연스럽게 칭찬하는 사고 회로를 손에 넣어 보세요.

 기억하기 싫어하는 상대나 대하기 거북한 사람을 칭찬하는 것은 결국 나를 칭찬하는 일이다.

습관 9

지금 느끼는 감정을
솔직히 받아들이기

긍정적으로 행동하기 어렵다면, 앞에서 말한 대로 '부정적인 생각 후에 강제로 긍정적인 사고 끌어올리기'를 명심하기만 해도 문제없습니다.

칭찬받으면 이런 식으로 대답하려고 의식해 보세요.

"그렇게 대단한 일도 아닌걸요. 하지만(이때의 '하지만'은 부정을 부정하고 있으므로 괜찮습니다) 칭찬해 주시니 기쁩니다!"

"저는 아직도 멀었죠. 그래도 지금 그 말씀을 들으니 더 열심히 해야겠다는 마음이 듭니다!"

이미지 트레이닝을 하지 않으면 바로 대답이 나오지 않으니 오늘, 아니 지금 이 순간부터 연습해 보세요. 상대에게 칭찬받은 데 대해 감사한 마음을 표현하면 상대가 더욱 칭찬하고 싶어지고 당신은 '칭찬하는 보람이 있는 사람'이 될 수 있습니다.

남이 나를 과대평가한다고 해서 곤란한 일은 없습니다. '이렇게 과대평가받았다가 행여 다음번에 실패하면 실망할지도 몰라……' 하고 일어나지도 않은 미래를 비관하는 건 시간 낭비일 뿐입니다. 미리 걱정하지 말고 **지금 내가 느끼는 기쁜 감정을 그대로 받아들이는 습관**을 들이는 게 좋습니다.

어차피 모두 평범한 사람들이고 미래를 예견할 수 있는 사람은 없습니다. 당신이 앞으로 실패할지 아닐지는 아무도 모릅니다. 실패한다는 전제를 깔고 가면 실패할 것이니 오늘부터 그런 쓸데없는 생각은 절대로 하지 마세요.

기억하기

상대가 더 칭찬하고 싶어지게끔 '칭찬하는 보람이 있는 사람'이 되자.

습관10

무조건 인사 작전을 쓴다

다양한 상황에서 괴로운 문제를 해결해 줄 사소한 전략이 있습니다. 제가 가장 추천하는 **무조건 인사 작전**입니다.

어찌 되었든 간에 아침에 얼굴을 마주하면 먼저 "안녕하세요!" 인사를 건네고 누군가 자신을 위해 뭔가를 해 주면 "고맙습니다"라고 감사 인사를 하는 겁니다. 아무리 힘들고 지쳐 있을 때도 인사만은 꼭 해 보세요. 인사만 잘해도 기분이 훨씬 좋아집니다. 저도 병원에서 만나는 사람마다 무조건 인사를 하고 있는데 그 효과가 상당히 크더군요.

새로운 병원에 출근했을 때는 상대가 누구인지 몰라도 일단 지나가다 마주치면 무조건 인사를 합니다. 이런 일을 시작한 이유는, 새로운 환경에서 인간관계를 구축하기가 너무나도 힘들었기 때문입니다.

사람의 얼굴을 구분해서 인지할 수가 없는 데다 오랜 세월 ADHD를 기반으로 한 사고관으로 인해 항상 '다른 사람들이 날 이상한 사람이라고 생각할 게 틀림없어' 하며, 뭔가 하고 싶어도 하지 못하던 시기가 있었습니다. 비록 악의는 없더라도 제 행동으로 상대가 불쾌함을 느낀다면 미움받는 게 어쩌면 당연하겠지요.

하지만 '전혀 모르는 이상한 사람'에서 '잘 모르지만 왠지 인사만큼은 잘하는 사람'으로 제 인상을 바꿀 수 있다면 좋겠다는 생각에 무조건 인사를 하기 시작했는데, 그 결과 의외로 좋은 느낌으로 새로운 직장에서 적응해 나갈 수 있었습니다.

모르는 사람에게 인사를 했는데 상대가 받아 주지 않으면 상처받지 않느냐고 묻는 사람도 있습니다. 하지만 저는 상대가 답인사를 해 주지 않아도 개의치 않습니다. 꾸준히 인사하는 것만으로도 상대가 생각하는 제 인상이 상당히 달라질 테니까요.

매일 웃는 얼굴로 인사를 건네는 사람과 매일 지나쳐 가면서도 흘끗 보고 그냥 가는 사람 중 누구에게 더 좋은 인상을 받는지 물어 본다면 아마도 대부분 전자 쪽을 택하지 않을까요?

처음에는 당혹스러워하던 상대도 어느 정도 인사가 계속되자 조금씩 익숙한 반응을 보이더군요. 인사를 하다 보니 어느새 친숙해졌는지, 아니면 기분 탓인지 저도 전보다 상대가 불편하지 않았습니다. 상대가 어떻게 하든지 간에 내가 먼저 조금이라도 불편한 감정이 줄었다면 그것은 그 나름대로, 아무 것도 하지 않은 것보다 더 낫다고 생각합니다.

기억하기 만나는 사람마다 먼저 인사를 건네며 불편한 마음에서 해방되자.

습관11

상대의 말을 들은 순간에
즉시 답하지 마라

욱하는 감정은 솔직히 억누를 수가 없습니다. 다만, 욱하고 화가 난 채로 상대의 말을 되받으려고 하면 부주의한 한마디가 튀어나와 상대와의 관계가 더 복잡하게 꼬일 위험성이 있습니다.

지금까지는 상대의 말이 끝나자마자 바로 말을 되받았다면, 이제부터는 숨을 돌리고 나서 말하는 연습을 해 보세요. 상대의 말에 화가 났을 때는 아무리 감정을 없애려고 노력해도 쉽지 않습니다. 하지만 한 번 숨을 크게 내쉰 다음에 대답하는 거라면 그래도 할 수 있는 가능성이 있습니다. 즉답하지 않는 훈련이 필요합니다.

최근 '분노 조절'이라는 방법이 화제가 되고 있는데 여기서도 '몇 초 시간 두기'를 강조합니다. 인간의 감정은 자신에게서 일어나기 시작한 순간에 최고조에 달하며, 몇 초간 심호흡을 한 번 하기만 해도 어느 정도 가라앉습니다.

몇 초만 참았다가 말을 하면 바로 말할 때보다 조금 감정이 누그러집니다. 그러므로 이렇게 간단한 대응법만으로도 대인관계에서 일어나는 문제를 몇 배나 줄일 수 있습니다. 이런 소소한 전략을 스스로 찾고 습관으로 익혀 두는 것이 '어떤 말을 들어도 화내지 않겠다'는 실행 불가능한 목표를 세우는 것보다, 포기하지 않고 실천하기가 훨씬 더 수월합니다.

기억하기   **설령 욱하고 화가 치밀었다고 해도 '몇 초 시간을 두고'**
말을 한다.

습관12

분노 상황을 반복해서
시뮬레이션해 보기

널리 알려지지 않은 방법이 또 있습니다. 화가 날 것 같은 상황을 몇 번이고 머릿속에서 시뮬레이션해 보는것도 효과가 제법 큽니다.

'이거 역효과 아니야?'라고 생각할지도 모르지만 앞서 말했듯이 인간에게는 '적응'의 효과가 있습니다. 한 번 유행어로 크게 인기를 얻은 개그맨은 얼마 못 가서 사람들이 식상해하므로 인기가 오래 지속되지 못하는 사례는 다른 모든 일에도 통용됩니다. 이 **적응 효과**를 활용한 치료법으로 **폭로 요법**이 있습니다. 의료 기관에서는 이 요법을 이용해서 각성제 의존증 환자를 치료하기도 합니다.

방법은 이렇습니다. 주사 놓을 방을 마련한 뒤, 환자에게

"주사기에는 바늘이 없고요, 각성제와 똑같이 생긴 결정(암염)이 있습니다"라고 설명합니다.

하지만 모양이 똑같아서 모두 기꺼이 맞으려고 하지요(정말 모두 진지합니다). 주사기는 가짜이므로 찌를 수도 없고 빨아올린 액체도 실은 소금물입니다. 따라서 주사를 맞은 듯한 느낌을 맛볼 수는 있지만 실제로 쾌락 반응은 얻을 수 없습니다.

그런데도 처음에는 모두 "기분이 좋아졌어요" 하는 반응을 보입니다. 뇌가 유사적으로 '이 수순을 밟으면 이 정도 기분이 좋아질 거야'라고 잘못 인식한 데서 비롯되는 현상이지요. 이후 가상 주사를 반복하면 점점 뇌는 이 주사에 싫증 나게 되고, 주사를 맞아도 전혀 기분이 좋아지지 않는다는 걸 알아차립니다. 마침내 주사기 자체에 대한 갈망도 줄어들지요. 바로 이런 현상을 이용한 치료법입니다. 다만 이 단계까지 가려면 상당히 많은 횟수를 주사해야 합니다.

이 적응 효과는 감정을 다스리는 데도 도움이 됩니다. 시험 삼아, 상사에게 질책받는 순간을 몇 차례 떠올려 보세요. **처음에는 떠올릴 때마다 열받을지도 모르지만 몇 번 반복하면 '이렇게까지 화낼 일도 아닌 것 같아' 하고 뇌가 점점 화를 내는 데 무뎌집니다.** 이런 식으로 시뮬레이션 훈련을 해 놓으면 실제로 상사와 마주해 싫은 소리를 들어도 사소한 일로 받아들이게 되는 것이지요.

불쾌한 일에 대한 뇌의 감흥을 떨어뜨리는 것이 가장 빠르고 손쉬운 대책이라고 할 수 있습니다. 하지만 몇 번이나 같은 일을 겪어도 전혀 익숙해지지 않고 여전히 화가 나고 분노가 가라앉지 않는 사람도 있습니다. 그런 경우는 질병과 연관이 있을 가능성도 고려해야 합니다. 경계성 인격 장애나 ADHD 등 어떤 질병은 같은 자극에 매일 같은 정도의 신경 전달 물질을 분비한다는 사실을 알고 있어 좀처럼 자극에 익숙해지지 않기 때문에 앞서 말한 방법이 효과를 내기 어렵습니다. 내가 이 경우인지 짚이는 데가 있다면 한 번 전문의에게 상담을 받아 보는 것이 좋습니다.

기억하기

불쾌한 일에 뇌를 싫증 나게 하는 것이 가장 빠르고 손쉬운 대책이다.

습관13

이것저것 생각하지 말고 잠을 잔다

화를 다스리는 또 다른 방법으로는 잠을 자는 것이 좋습니다. 괴로운 일이 있다면 뭐든 괜찮으니 따뜻한 음식을 먹고 일단 잠을 청하세요. 하룻밤 자고 나면 감정이 한층 가라앉아서 잠자기 전보다 마음이 안정됩니다.

분노나 슬픔, 공포로 잠들지 못하는 상태가 일주일 이상 지속되면 일시적으로 약의 힘을 빌려 잠을 자는 방법도 선택지에 넣어 두세요. 다만, 술은 수면의 질을 떨어뜨리니 마시지 않는 게 좋습니다.

옛 고사성어 중에 와신상담臥薪嘗膽이라는 말이 있습니다. 괴로운 감정을 삭일 수가 없어서 울퉁불퉁한 장작 위에 누워

자고 천장에 매달려 있는 쓰디쓴 쓸개를 맛보면서 '이렇게 고난을 겪는 건 그 인간 때문이야 절대 용서하지 않겠어'라고 결심했다는 이야기에서 나온 말입니다. 이는 반대로 말하자면, 그 정도로 하지 않는 이상 인간은 자고 일어나면 의외로 괴로운 감정을 잊어버리는 생물입니다. 우리는 그 능력을 더욱 활용해야 합니다.

기억하기

하룻밤 자고 나면 괴로운 일도 어느 정도 잊어버린다.

습관14

배려를 바라기 전에
배려해 주고 싶은 사람이 되자

세상에는 유난히 주위 사람들이 잘 챙겨 주고 배려해 주는 사람이 있습니다. 예를 들면 "너 많이 무거워 보이는데 이 짐 내가 들어 줄게" 하고 누군가가 늘 배려해 주고 챙겨 주는 사람이지요.

그런 사람을 보면서 "나도 짐 많은데……"라며 질투할 게 아니라 어째서 이 사람은 주위 사람들에게 배려를 받고 있는 건지 주의 깊게 관찰해 보세요.

남들이 배려해 주는 사람을 살펴보면 상대가 '내가 해 주길 잘했어' 하는 생각이 들게끔 먼저 마음을 쓰고 있더군요. 배려를 받으면 늘 "고맙습니다!" 하고 웃는 얼굴로 기분 좋게 감사의 인사를 전합니다.

'겨우 그만한 일이었어?'라고 생각할지도 모르지만 **감사의 마음을 제대로 전하지 못하는 사람이 의외로 많습니다.** 그러니 감사함을 표현하는 사람을 보고 상대는 순수하게 '내가 해 주길 잘했어' '또 무슨 일이 있으면 도와줘야지' 하는 마음이 절로 생기는 것이지요.

반면에 호의를 베푼 상대방에게 무뚝뚝한 목소리로 "아, 네……" 하고 제대로 된 감사의 말도 하지 않는다면 상대가 더는 도와주고 싶지 않은 게 당연하지 않을까요?

 기억하기

상대방이 친절을 베풀면 웃는 얼굴로 기분 좋게 감사 인사를 전한다.

습관15

처음부터 나의 결점을
터놓고 나서 부탁한다

남들에게 배려받는 사람은 처음부터 자신의 결점을 드러내고 부탁을 하는 경우가 많습니다.

"죄송합니다. 부끄럽지만, 제겐 이 일이 너무 어려워요. 완벽하게 할 수 있을지 몰라서 그러는데, 다 마친 후에 확인 한 번 해 주실 수 있을까요?"

이런 말을 들은 상대는 '내 힘으로 도움을 줄 수 있었어'라며 자기 평가를 높일 수 있습니다. "이 정도라면 언제든지 얘기해"라는 대답이 돌아오겠지요.

배려받는 사람을 관찰해서 이러한 점을 깨달았다면 나는 과연 어떤지, 평소에 이런 말과 행동을 하고 있는지 되돌아 보세요. 그렇게 하고 있지 않다면, '내가 배려받지 못하는 것은 딱히 그 사람과 차이가 있어서가 아니야. 배려받을 만한 일을 내가 하지 않았던 것 뿐이지'라고 깨닫게 될 겁니다. 자신이 똑같이 할지 말지는 '내 성격에 맞는지 아닌지'로 결정하면 됩니다. 이렇게 하면 적어도 쓸데없는 질투나 열등감에서 해방될 수 있습니다. 그러면 자신이 배려받지 못하는 데 대해 불쾌감을 느끼지 않아도 됩니다.

남을 원망하거나 미워하고 질투의 감정을 품을 정도라면 '그 사람을 관찰해서 테크닉을 배워 보자'라고 생각을 바꿔 보세요.

기억하기

타인의 좋은 점을 착착 받아들인다.

습관16

부정적인 말을 들었을 때
'뇌내 회의' 열기

타인에게서 "쓸모없는 녀석이군" "이래서 넌 안 되는 거야……"
같은 매정하고 심한 말을 들었다고 가정해 봅시다. 엄청난 충
격을 받을 테고 화도 치밀어 오르겠지요.

　이럴 때 필요한 효과적인 테크닉이 바로 **'뇌내 회의'**라는
방법입니다. 자신의 머릿속에서 잠깐 회의를 열어 보는 거예
요. 의제는 "이 발언을 어디까지 심각하게 받아들여야 할까?"
입니다. 여러 명의 '나'가 이 문제에 관해 다양한 의견을 많이
교환해 보면 됩니다. 이런 식으로 말이지요.

　나A "쓸모없는 녀석"이라는 발언은 옳지 않다고 생각해. 평소에

실적도 제대로 내고 있고 전에는 칭찬받을 만한 일도 했는데 말이야.

나B 하지만 그렇다면 상사는 왜 그런 말을 했을까?

나C 성질이 급해서 그렇지 뭐. 금방 욱해서는 부하 직원에게 심한 말을 하잖아. 툭하면 다른 사람들에게도 그래.

나D 그건 그렇고, 오늘 점심은 뭘 먹을까?

나B 그렇네. 그러면 아까 그 발언은 심각하게 생각할 필요 없는 걸로 결론 내도 괜찮을까?

나A 맞아. 그렇게 해.

나C 하지만 한 소리 들은 이유라고 짐작되는 점을 확인해서 다음부터 조심해야겠어. 그런 소리는 듣지 않는 게 더 좋으니까.

나D 자, 점심 먹으러 어디 갈까?

불쾌한 말을 들은 순간에 머릿속에서 하는 일이므로 이렇게까지 세세하게 할 수 있을지는 장담할 수 없습니다. 다만, '그런 말 신경 쓸 필요 없어'라고 마음속에서 **납득했다면 그걸로 끝내면** 그만입니다.

그런 다음에는 신경 쓰지 말고 가능하면 의식도 하지 말고, 평소처럼 행동하면 됩니다. 의식하면 할수록 상대가 가까이에 있기만 해도 비슷한 실수를 하게 되고 스트레스도 받으니까요. '또 한 번 실수하면 끝장인데'라고 생각하면서 위축된 상태로 일하다 보면 다시 또 똑같은 실수를 하기 십상이므로 가능한 한 재빨리 사고를 전환하는 것이 좋습니다.

기억하기

머릿속에서 회의를 열어 사고를 전환한다.

습관17

자기 자신을 마음껏 격찬해 주자

인간관계로 인해 괴로움을 느끼는 사람은 애초부터 타인과의 관계에 너무 큰 기대를 하는 면이 있습니다. 상사의 말을 심각하게 받아들이고 그대로 맞서는 사람은, 반대로 말하자면 '여기서 노력하면 상사와의 관계가 좋아지고 칭찬받을 수 있을 것'이라고 마음속 어딘가에서 기대를 품고 있는 것이지요.

하지만 유감스럽게도 타인은 당신이 기대하는 만큼 당신을 칭찬해 주지 않습니다. 그것은 딱히 그 사람이 나빠서가 아니라, 사람들은 내가 나에게 관심을 갖는 것만큼 남에게 관심이 없기 때문입니다. 따라서 '타인을 칭찬하는 요소'에 대부분 둔감하지요.

칭찬받고 싶을 때는
우선 나를 칭찬해 주자

당신은 자신을 얼마나 자주 칭찬해 주나요?

스스로 칭찬할 점이 없다고 생각할지도 모르지만, 정말 그렇게 생각한다면 타인에게는 더욱더 칭찬받지 못합니다. **자기 자신을 치켜 세우고 칭찬받을 수 있는 사람이 되어야 합니다.**

"살아가는 것만도 훌륭해!" 하는 데서 출발해도 전혀 문제없습니다. 아침에 일어나면 "오늘도 잘 일어났네. 잘했어!" "세수했군, 최고야!" "출근하고 있구나! 멋져!" "지각하지 않았어, 대단해!"라고 말해 주는 겁니다.

칭찬할 점은 얼마든지 생각해 낼 수 있습니다. 이로써 '칭찬할 일을 더 많이 하자'고 마음은 긍정적으로 변화하고 자신을 기쁘게 만드는 적극적인 행동을 더 많이 하게 됩니다.

반대로 아침부터 자신에게 부정적인 말을 건넨다면 어떨까요? "벌써 아침이야? 아! 정말 싫다" "세수하기도 귀찮네" "출근하기 괴로워" "지각했군. 최악이야!"

이런 사고로는 좋은 일이 있어도 저절로 부정적으로 인식하는 버릇이 생기고 입꼬리가 점점 더 내려가게 됩니다. 그러면 운도 떨어질 수 있으니 지금 당장 그만두세요.

애초에 아침부터 이런 생각을 하다가는 점점 더 일어나기 힘들어지고 회사에는 더욱 더 가기 싫어질 것입니다. 결과적으로 스스로 하루하루를 점점 더 괴롭게 만들고 말겠지요.

자급자족 정신으로 나를 칭찬한다.

습관18

사고가 정지했을 땐
다른 인격 장착하기

계속해서 부정적인 사고가 멈춰지지 않는 분을 위해 제가 권하고 싶은 방법은 '머릿속에서 다른 인격 만들기'입니다.

다른 인격이라고 하면 다중인격 같은 걸 상상할지도 모르지만 그렇게까지 극단적으로 생각하지 않아도 됩니다. 내가 할수 없는, 또는 그렇게 여기는 일을 '내가 아닌 다른 누군가라면 어떻게 할까?'라고 상상하면 쉽습니다.

어렵게 느껴질 수도 있지만, 여러분이 어릴 때 많이 해 봤을 '흉내 놀이'와 방식은 같습니다. 한 번쯤은 애니메이션 주인공을 따라해 보지 않으셨나요? 꼭 확실하게 정해진 캐릭터가 아니더라도 흔히 하는 '소꿉놀이'와도 비슷합니다.

넘어져도 "아프지 않아! OO레인저는 이런 것쯤으로 울지 않아!" 하며 그 캐릭터가 된 듯 행동하면 실제로 울지 않고 넘길 수 있었을 것이고 병원에 가서 주사를 맞을 때도 "OO라면 문제 없어!" 하며 참았던 경험도 있을 겁니다. 사람은 '내가 아닌 다른 존재'로 변신해 일이나 놀이에서 맡은 역할을 하면서 조금씩 사고의 폭을 넓혀 갑니다.

동생이 태어나고 가족 내에서 자신의 지위가 달라진다고 해도 '언니(또는 형)니까 동생을 잘 데리고 놀 거야'라고 스스로 다독이며 그 역할에 서서히 적응해 갑니다. 즉 흉내 놀이를 하거나 자신의 역할을 스스로 일깨움으로써 인간은 사고를 성장시키는 것입니다.

그러므로 무심코 부정적인 사고를 하게 된다면, 꼭 말로 하지 않아도 괜찮으니 **긍정적인 사고를 하는 사람을 흉내 내면서 긍정적 사고로 전환해 보세요.** 유명인이나 좋아하는 캐릭터 등 이미지로 떠올리기 쉬운 대상을 찾아서 해도 좋습니다. 정했다면 이런 식으로 긍정적 사고 회로를 가동해 보는 거예요.

"내 험담하는 걸 들어서 너무 괴로워"

↳ 그게 말이지, 남의 험담이나 하는 사람은 대체로 자신감이 없거든. 그렇게 자신감 없는 사람한테 무슨 말을 듣건 대수로운 일이 아니야. 떠들라고 내버려 둬도 되지 않아? 그런 말을 듣는다

고 해서 지갑에서 돈이 나가는 건 아니잖아? 험담이 널리 퍼지면 어떡하냐고? 남의 흉이나 보면서 웃어대는 인간이랑 가까이 할 필요가 있어? 시간 낭비일 뿐이고 그런 일로 끙끙 앓을 거라면 오늘 집에 가서 방 청소나 하는 게 어때?

그 김에 청소를 해치우는 겁니다. 제가 권하고 싶은 방법은 화장실 청소입니다. 면적이 좁아 시간도 별로 걸리지 않고, 깨끗한 화장실을 보면 정말 기분이 좋거든요.

기억하기 긍정적인 사고를 하는 사람을 떠올리고 따라 함으로써 긍정적인 사고로 바꿔 간다.

습관19

동경하는 사람이 눈앞에 있다고
상상하는 놀이를 한다

"저는 말이죠, 얼마 전에 새 게임을 샀답니다."

"와우, 멋져요! 저는 이번 달에 노느라 돈을 많이 써서 게임을 살 수가 없네요."

"알뜰하게 절약해서 다음 달에는 꼭 살 수 있을 거예요. 저도 응원할게요!"

"그렇게 격려해 주시니 의욕이 솟아나는 걸요."

저는 한 친구와 온라인 메신저로 '귀족 놀이'를 합니다. 대화 말투를 완전히 귀족처럼 하기만 하면 되는데, 이 놀이를 도입하고 나서 타인과 쓸데없는 다툼이나 언쟁을 할 일이 거의 없습니다. 말투나 문체가 거칠면 그만큼 갈등으로 번지기 쉽습니다. 나이도 들 만큼 든 사회인 두 명이 서로 이렇게 무려 4년 정도 소통하고 있습니다.

대화가 오가다 보면 신기하게도 마음의 여유까지 생기더 군요. 이 말투로 평소 자연스럽게 이야기하거나 메시지를 주고 받을 수 있게 되면 대부분의 복잡한 문제는 일어나지 않을 것 같습니다.

이 귀족 놀이를 하게 된 계기는 인터넷에서 본 어떤 유명 한 일화 덕이었습니다. '독일군 포로가 된 프랑스 군인들이 자 신들 곁에 가상의 소녀가 있다는 설정을 해 놓고 생활하면서 모두 예절을 지켜 포로 생활을 보냈다'는 이야기입니다. 간단 히 줄거리를 소개해 보겠습니다.

세계대전 중에 독일군의 포로가 된 프랑스 군인들은 마음이 황폐 하고 뒤틀려 있어서 동료 군인들끼리 사소한 일로도 언쟁이 붙거 나 싸움이 나곤 했습니다. 그러던 중 한 군인이 "여기에 소녀가 있 다고 생각하자"라는 말도 안 되는 제안을 했습니다. 처음에는 모두 놀랐지만 "신사인 우리가 추하게 서로 싸움을 하는 건 한심하잖아. 그러니 소녀가 있다고 가정하고 소녀 앞에서 부끄럽지 않게 행동하 자"고 정했던 것입니다.

서로 티격태격하면서도 모두 가상의 소녀를 위해 식사를 1인분 덜 어 놓기도 하고, 누군가가 상스러운 말투로 욕설을 할 것 같으면

"소녀 앞이야!" 하며 다른 사람이 중재에 나섰습니다. 소녀의 생일을 앞두고 힘든 포로 생활 속에서도 모두 각자 할 수 있는 범위 내에서 선물을 준비하기도 했고 괴로울 때는 소녀가 걱정하지 않도록 마음을 쓰며 단결해서 생활했습니다. 그 결과 포로들은 아무도 죽지 않았고 인간으로서 존엄을 지켜낸 채 무사히 본국으로 돌아갔다는 해피엔딩입니다.

아쉽지만 이것은 실화가 아닙니다. 원작 프랑스 작가 로맹 가리Romain Gary의 소설《하늘의 뿌리》에 나오는 일화를 영국 소설가 콜린 윌슨Colin Wilson이《자기실현을 위한 심리학New Pathways in Psychology》이라는 소설에 인용해 서서히 형태가 바뀌며 퍼져 나간 듯합니다(원래는 소녀가 아니라 귀부인이라거나, 포로는 영국군이라는 이야기도 있어 온라인을 통해 내용이 차츰 변화한 모양입니다).

이 이야기에는 굉장한 함축이 있습니다.

'이 사람 앞에서 어설픈 모습을 보이고 싶지 않아' 하는 대상이 눈앞에 있다고 가정한다면 여러 가지 면에서 조심하고 행동을 다잡아야겠지요.

귀부인이든 소녀든, 혹은 좋아하는 연예인이든 대상은 누구라도 좋습니다. 동경하는 그 사람 앞에서, 뭉그적뭉그적 잠자리에서 일어나기 싫다고 투덜대고, 회사에서도 불평불만을 연발하면서 빠릿빠릿 일하지 않고, 타인의 실수를 보며 비웃고, 구부정한 자세로 스마트폰을 보면서 식사할 수 있을까요?

그 사람 앞에서는 절대 그럴 수 없을 것 같은, '동경하는 사람'이 눈 앞에 있다고 상상하는 놀이를 30분만 해 보세요.

피할 수 있다면 피하는 전략

선망의 대상이 눈앞에 있다고 상상하면 지금까지 싫었던 일이나 귀찮았던 일이 조금은 즐거워지고 사물을 보는 시각이 달라질 것입니다.

이런 놀이를 시도함으로써 괴로움이 조금이라도 해결된다면 굉장히 가성비 좋은 해결 방법이지요. 즐겁고 밝고 긍정적으로 살아가기 위한 소소한 전략인 셈입니다. 괴로운 일을 괴로운 채로 받아들이는 것은 이제 그만두세요. 괴롭기만 할 뿐입니다. 이제는 다양하고 흥미로운 사고 회로를 머릿속에 넣어 두고 마음이 내키면 자신에게 맞을 것 같은 일을 선택해 실행해 보는 거예요.

마치 날아오는 주먹을 피하듯 괴로운 일을 획획 가볍게 피하며 살아가는 것은 조금도 나쁜 일이 아닙니다. **당신의 인생에 무엇이 필요하고 필요하지 않은지는 당신이 결정할 일입니다.** 남이 말했다고 해서 선택해야 할 일은, 당신의 인생에서 단 한 가지도 없습니다. 하지만 선택의 자유에는 언제나 책임과 의무가 따라온다는 사실을 잊지 마세요.

"당신이 알려 준 길을 선택했더니 결국 이렇게 되었는데, 어떻게 책임질 거예요?"라고 말해도 책임질 사람은 선택한 나뿐입니다. 그러니 역시 타인에게 자기 인생의 주도권을 내주는 일은 하지 말아야겠습니다.

기억하기 다양한 사고관을 머릿속에 집어 넣고 마음이 내키면 나에게 맞을 것 같은 일을 선택해서 실행한다.

습관20

쓸데없는 소문은
인생에서 배제하라

세상에는 상대의 기분은 아랑곳하지 않고 그 자리에서 떠오른 자기 생각을 경솔하게 그대로 내뱉는 사람이 있습니다. 깊이 생각하지 않는 그런 사람의 발언에 일일이 일희일비했다가는 심리적으로 견디지 못할 게 분명합니다.

'이 사람은 이런 경향이 있으니 어디까지 들어야 할까?' 하고 항상 상대의 특징에 맞춰 받아들이는 방법을 생각해야 합니다.

물론 개중에는 평소에 거의 직언을 하지 않는 사람도 있습니다. 만약 그런 사람에게 직언을 들었을 때는 진지하게 들으세요. '같은 말이라도 사람에 따라서 무게가 완전히 다른 법'이니까요.

이것은 느닷없이 당신에게 정보를 전해 주는 사람에게도 적용됩니다.

"네 여자친구 저번에 모르는 남자랑 걸어 가더라"라는 이야기를 갑자기 들으면 대개는 충격을 받고 계속 신경이 쓰일 겁니다. "그 남자 누구야!" 하고 낯빛을 붉히며 다짜고짜 그녀에게 연락하려 들지도 모르지요. 다만, 그 말을 전한 사람이 평소에 어떤 사람인지를 생각하고 나서 행동하는 것이 좋습니다. "그 얘기 들었어?" 하면서 있는 일 없는 일을 여러 사람에게 퍼뜨리고 다니는 사람이라면 그런 말을 들었다고 금세 욱해서 여자친구에게 연락할 필요는 없겠지요.

하지만 평소에 남의 말을 잘 옮기지 않는 사람이 구태여 이런 내용을 전해 줬다면, 어떻게 행동할지를 차분하고 냉정하게 생각해야 합니다. 어차피 바로 여자친구를 추궁하는 것은 별로 좋은 결과를 얻지 못합니다. 곰곰이 생각해 보면 같이 걸어 갔다는 남자는 오빠나 동생일지도 모르고, 그밖에도 회사 동료든 영업 거래처 사람이든 학교 친구든 다른 남성과 이야기하면서 같이 걸어갈 일은 일상에서 얼마든지 있으니까요. 갑자기 남에게 들은 이야기만으로 순간적인 감정에 휘둘려 섣불리 행동하면 별로 바람직한 결과로 이어지지 않을 때가 많습니다.

누군가가 직접 "아무개가 네 험담을 하고 다니더라" 하며 전해 주는 정보도 마찬가지입니다. 가령 당신을 잘 아는 사람이 100명 있다고 하면 그중에 한 명이나 두 명, 험담을 하는 사람도 있을 수 있겠지요. 모두에게 호감을 얻기는 불가능한 일이니 어쩌면 당연한 일일 수도 있습니다. 오늘도 누군가는 나를 좋지 않게 여길 수 있지요.

다만 이것도 본래는 귀에 들어올 일도 아니고, 듣지 못하는 이상 아무래도 상관없는 정보입니다. 당신이 모르면 그 정보는 이 세상에 존재하지 않는 것이나 다름없으니까요.

이야기를 일일이 전해 주는 사람도 약간 성가신 존재입니다. '들은 것은 전부 알고 싶으니까 전해 주면 고맙지!'라고 생각하는 사람도 있겠지만, 알았다고 해서 마음이 가벼워지는 것도 아니니 아무 쓸모가 없습니다. 그런 이야기를 들을 때마다 잠시 생각하기 위한 뇌내 회의를 열어서 일일이 신경 쓸 필요가 없다는 결론에 이르면 바로 잊어버리는 것이 이득입니다. 애초에 듣지 않았다면 이런 회의를 굳이 하지 않아도 되니 더 좋고요.

만약 당신이 어떤 소문을 그 당사자에게 전하고 싶어 하는 버릇이 있는 사람이라면 '이 이야기를 전해 줘야 할까?'라고 뇌내 회의를 열어 어지간한 일이 아니라면 봉인해 두세요. 자칫 잘못하면 "소문의 근원지가 당신 아냐?"라는 오해를 받게 되는 상황이 벌어질 수도 있습니다. 소문이란 건 널리 퍼뜨려 봐야 아무도 행복해지지 않는 쓸모없는 말입니다. 적어도 자신의 주위에 맴도는 소문만이라도 인생에서 배제해야, 당신의 인생이 더욱 편안해질 수 있습니다.

기억하기

소문은 널리 퍼뜨려 봐야 아무도 행복해지지 않는 쓸 모없는 말이다.

습관21

때로는 '도망'과 '포기'도 필요하다

지금까지 계속해서 "싫어도 우선 해 보세요"라고 이야기했습니다. 하지만 오히려 하는 만큼 손해를 보는 경우라면 가능한한 빨리 도망쳐서 거리를 두는 것이 중요합니다.

아무리 괴로운 일에서도 도망치면 안 된다고, 포기하면 지는 거라고, 몇 번이고 과제에 맞서 이겨내야 한다고 인내심을삶의 미덕으로 여겨 온 사람이라면 특히 더 명심해야 할 점입니다.

포기하지 않는 것, 도망치지 않는 것, 믿어 의심치 않는 것,그 마음가짐은 훌륭할지 모르지만, 만약 그 포기하지 않는 일이나 대상이 '잘못된 방향으로 가는 노력'인 경우는 당장 방향을 돌리지 않으면 정말로 소망하는 결과를 평생 손에 넣을 수 없을지도 모릅니다.

　그러므로 **필요할 때는 과감히 '도망'치고 '포기'하는 선택을 해야 합니다.** 노력해도 소용없는 일이라고 판단되면 얼른 손절해서 한시라도 빨리 괴로움에서 벗어나세요.

기억하기　잘못된 방향을 향해 가는 노력이라면 즉시 방향을 바꿔라.

4장

적당히 느슨하게
살아가기 위한
습관

"

휴식을 게으름 피우는 것으로 오해하는 사람이 무척 많습니다.
휴식은 게으름이나 농땡이와는 달리,
한 번으로는 해낼 수 없는 일을 끝까지 해내기 위해서
반드시 확보해야 하는 소중한 시간입니다.

"

습관22

빵 반죽을 치대면서
짜증을 해소한다

어떤 일이나 대상에 짜증이 나는 감정은 아무리 잔꾀를 내고 노력해 봐도 좀처럼 쉽게 가라앉지 않습니다. 마그마처럼 부글부글 끓어오른 불쾌한 감정은 마음속 깊은 곳에 숨어서 깔끔하게 사라지지 않지요. 그 자리에서 폭발하는 분노를 피했다고 해도 언젠가 크게 폭발할 위험성이 여전히 남아 있습니다. 그래서 마그마의 열을 이용해 온천물을 데우는 것과 같은 발상의 전환이 필요합니다.

　제가 내담자들에게 권하는 방법은 밀가루를 반죽해 빵을 만드는 것입니다. 빵 만들기에는 상당한 체력이 필요하다고 합니다. 풀 데 없는 화를 분출하며 반죽을 이기는 동안에 고였던 분노만큼의 체력이 소모되지요. 처음에 한 내담자가 알려주었는데, 그 후로 저도 많은 분에게 권하고 있습니다(꼭 빵이 아니더라도 햄버그스테이크든 뭐든 체력이 필요하고 반죽이 힘을 받아 주는 행위라면 뭐든지 좋습니다).

쌓였던 감정이 갑자기 폭발하지 않도록 조금씩 해소할 수 있는 나만의 방법을 찾는 게 중요합니다. 인형, 담요, 샌드백을 퍽퍽 치거나 혼자 노래방에 가서 좋아하는 노래를 열창하는 등 일상에서 물리적인 방법으로 에너지를 발산시켜 보세요. 분노가 조금씩 해소될 거에요.

직장에서 가볍게 할 수 있는 효과적인 방법으로는 **사무실을 청소**한다거나 **책상을 정리 정돈하고 필요 없는 서류를 분쇄기로 처리하는 일** 등이 있습니다.

그 밖에는 약간 비용이 들긴 하지만 귀갓길에 피트니스 센터에 들르거나 야구 배팅 센터에 가서 몸을 움직이는 것도 좋겠지요. 최근에는 복싱 연습도 인기라고 하는데, 때리고 싶은 상대의 얼굴을 머릿속에 떠올려서 연습하면 효과도 올라갈 것입니다.

반사적으로 그 자리에서 분노를 폭발시키는 사람이 되기보다는 조금 참고 다른 장소에서 그 분노를 발산시키는 것이 건전할 뿐만 아니라, 원활한 사회생활을 보내는 의미에서도 바람직하기에 이 방법을 추천합니다.

계속하다 보면 마음속에서만이라도 저절로 '감정의 스위치'를 켜고 끌 수 있게 됩니다.

기억하기 **분노를 물리적인 에너지로 전환해서 발산시킨다.**

습관23

나를 돌아보는
셀프 모니터링 도입하기

자신을 객관시하는 방법 중에서 그냥 지나칠 수 없는 것이 바로 '셀프 모니터링'입니다. 이 방법을 이용해 결말을 해피엔딩으로 이끄는 사고 습관을 들여 볼까요?

우선 셀프 모니터링 방법과 실천 습관을 들이는 방법을 설명하겠습니다. 방법 자체는 간단해서 잠자기 전이나 하루 중 어느 시간대에 그날의 자신을 되돌아보고 자가 채점해서 노트에 점수를 기록하면 됩니다. 공부에 관해 평가할 경우는 공부한 시간과 분량도 덧붙이면 좋습니다.

뭔가 고민을 안고 있는 사람들은 대부분 자기 부정으로 낮은 점수를 매기는 경향이 있습니다. '오늘 회사에서 실수를 저

질렀으니 0점' 이런 식이지요.

하지만 단순히 실수했다는 사실만으로 0점을 주면, 그것보다 더 큰 실수를 했을 때 줄 점수가 없으므로 시작부터 너무 낮은 점수로 채점하지 말아야 합니다. 물론 처음에는 지금의 자기 모습을 부정하면서 부당할 정도로 마이너스 점수를 주지 않는 연습만으로도 쉽지 않을 거예요. 우선 하루를 100점 만점으로 설정하고 최악인 경우 0점, 좋지 않았다면 30점, 약간 안 좋은 정도일 때는 50점, 보통은 70점, 약간 좋았다면 80점, 인생 최고의 날이라면 100점을 주는 식으로, 대략적이어도 좋으니 자기 나름대로 지표를 결정하고 나서 점수를 매겨 보세요.

이때 0점이나 30점을 남발하게 되는 데는 합당한 이유가 필요하므로 이 부분은 특히 까다롭게 정하는 것이 좋습니다. 애초에 0점은 '집을 나서자마자 느닷없이 교통사고를 당해 입원했다'든가 '큰 지진으로 재해를 입어 전 재산을 잃었다' 하는 정도로 좀처럼 줄 수 없는 점수이니 주의해야 합니다. 물론 지표는 각자 설정하는 것이지만 그만큼 0점은 주의해서 설정해야 합니다.

돌아보면 별일 아니었다는 것을 알게 된다

이렇게 며칠 동안 점수를 매기다 보면 50점인 날에는 비가 내렸다거나 상사가 역정을 냈다든가 하는 식으로 대체적인 경향이 보일 것입니다. 그렇게 한 달 정도 점수를 매기면 100점인 날이 오기는 올까 하고 조급해지기 시작할지도 모릅니다. 한 달이 지날 때까지 조급하게 할 생각은 없기에 먼저 그 진실의 내막을 밝히겠습니다. **인생에는 오히려 100점 만점인 날이 거의 존재하지 않습니다.**

남들은 다들 매일 100점인 나날을 보내는 것처럼 보일지 모르지만, 주위 사람들의 눈에는 당신도 그렇게 보일 가능성이 있습니다. 타인의 점수가 몇 점인지는 그 사람 외에는 아무도 모릅니다. 그러니 점수가 낮다고 해서 실망하지 않아도 괜찮습니다.

이 셀프 모니터링은 기본적으로 실행 사실과 점수를 매일 기록하고 어느 정도 기간이 지나면 되짚어 보면서 '이때 그렇게나 괴로웠는데 지금 그 정도는 아니야!' '당시는 힘들어서 못 견딜 것 같았지만 지금 돌아보면 그럴 일도 아니었어' 하며 자신을 객관적으로 관찰하는 도구로 활용할 수 있습니다.

하지만 자기 부정을 멈추지 못하는 사람이 이 방법을 아무런 지식도 대책도 없이 실시하면 점점 더 괴로워집니다. 점수를 매기는 방법이 상당히 까다롭기 때문이지요. 이때 **결말을 해피엔딩으로 사고하는 습관**을 들여야 합니다. 기본으로 매긴 점수와 더불어 옆에 '억지로라도 칭찬한 결과 더해진 점수'를 이유와 함께 적어 놓는 방법입니다.

비록 실수했더라도 그 사실을 알아차렸다면 보너스 점수를 더하는 것이지요. 어물쩍 숨기려 하지 않았으니 10점, '앞으로는 열심히 할 거야'라고 결심했으면 20점…… 이런 식입니다.

그래서 처음 30점이었던 날에서 조금이라도 점수가 높아졌으면 성공한 겁니다. 대담하게 점수를 높이면 높일수록 좋습니다. 그리고 반드시 조금이라도 평가를 높여서 하루를 마치세요. 점수의 근거 같은 건 없어도 괜찮습니다. '그건 비열하잖아! 그래서는 자신감이 생기지 않을걸' 이런 생각은 하지도 마세요. 애초에 이런 문제가 아닙니다.

다만 나의 오늘 하루를 어떤 모습으로 떠올리고 어떻게 억지로라도 칭찬해서 점수를 높여갈지 생각하면서 담담하게 꾸준히 반복하세요. 반드시 일정 기간 실천하는 것이 중요합니다.

지금은 속았다고 생각할지도 모르지만, 사람은 신기하게도 억지로라도 자신을 긍정적으로 평가하는 습관을 들여가기만 해도 자기 부정을 하는 경향이 확연히 줄어듭니다.

살아간다는 건 괴롭고 힘든 일이므로 물론 말도 못 하게 우울한 날도 있겠지요. 그러나 '우울했지만 오늘도 빠짐없이 셀프 모니터링을 하고 나 자신을 칭찬하는 시간도 만들었어!'라고 생각할 수 있게 되면 이미 이 방법에 숙달된 것입니다.

처음에는 몇 점이 옳은 걸까 생각하면서 진지하게 하다 보면 시간이 상당히 걸리겠지만 익숙해지면 몇 분도 채 걸리지 않게 됩니다. 자기 부정의 습관이 있는 사람은 꼭 시도해 보세요. 아니, 그보다도 인생을 바꾸고 싶다면 이 사고 개혁은 무조건 실천하는 것이 좋습니다.

기억하기 **셀프 모니터링을 실천하며 '결말을 해피엔딩으로 사고하는 습관'을 들인다.**

습관24

하루가 의미 없었다면
왜 그런지 이유를 적어 보자

당신은 휴일이 거의 끝나갈 때가 되면 그날 하루를 후회한 적이 있나요?

만약 그렇게 후회할 일이 의외로 많다면, 어떤 하루를 보냈을 때 '의미 있게 보내지 못했다'고 느끼는지 적어 보세요. 하나 하나 확인해 보면 문제는 조금씩 해결 기미가 보일 지도 모릅니다.

이렇게 써 보는 거예요.

- 집에서 나가지 않았다
- 직접 요리하지 않고 배달을 시키거나 편의점에서 사 온 음식으

로 끼니를 해결했다

- 게임을 하거나 만화와 동영상 사이트만 봤다
- 모임 약속을 직전에 취소했다
- 밖에 나갔지만 돌아다니기 귀찮아서 결국 아무것도 하지 않고 돌아왔다
- 일어나니 초저녁이 다 되었다

스스로 '하루를 이렇게 보내면 안 되는데' 하고 판단했거나 자신의 이런 행동이 스트레스의 원인이 되었다면 조금이라도 무의미한 일이나 부족했던 점을 줄이고 습관을 개선하기 위해 노력해 보세요.

단, 이때 후회하는 감정을 잘 살펴봐야 합니다. 정말 진심으로 '이러면 안 돼!'라고 내가 느껴서인지, 아니면 '남들이 알면 날 한심하게 볼 거야'라고 세상의 평판이 신경 쓰여서인지를 한 번 냉철히 돌아보는 것이 좋습니다.

솔직히, 아무것도 하지 않고 멍하니 있든 온종일 게임을 하든 간에 그렇게 해서 새로 기운이 나고 앞으로 할 일에 활력과 동기를 불어 넣어 준다면 아무 문제 없습니다.

만약 남들처럼 SNS에 올릴 수 있는 활동적이고 멋진 휴일을 보내지 못했다는 사실에 열등감을 느끼는 거라면 오히려 '휴일에는 SNS를 보지 않는다'와 같은 규칙을 습관으로 만들

어 보세요.

휴일을 어떻게 보내느냐는 사람마다 자신에게 잘 맞는 방법이 있기 마련이므로 타인과 똑같은 목표를 추구하려고 하면 오히려 진정한 '당신의 휴일'이 사라질 것입니다.

기억하기

휴일은 내가 하고 싶은 대로 보내면 된다.

습관25

내 마음을 만족시키는 것으로
가득 채우기

"난 이것만 있으면 기분이 정말 좋아져!"라고 말할 수 있는 아이템이나 활동이 있나요? 지쳐서 정신적으로 황폐해졌을 때 당신을 구해 줄 비책을 항상 몇 가지 준비해 두세요.

저는 신경이 까칠해졌을 때 맛있는 고기를 먹습니다. 그래서 냉동고에 항상 고기를 준비해 넣어 둡니다.

SNS를 즐기고 있는 사람을 너무 따라 하거나 몰입하는 건 좋지 않습니다. 활발하게 활동하면서 '현실 생활을 즐기고 만족해하는 사람들'이 많은 이에게 관심과 부러움을 사다 보니 그 사람들이 하는 '즐거운 일'이 언뜻 당신의 마음을 채워 주는 하나의 방안이 되는 것 같은 착각이 들 수도 있습니다. 다만 앞서 여러 번 언급했듯이, 무엇을 해야 재충전이 될지, 얼마나 행복한지는 당사자가 아니면 알 수 없습니다. 만약 당신이 SNS를 보고 필요한 정보를 얻기는커녕 괜히 남을 질투하거나 초조해하는 타입이라면 SNS를 이용하는 것은 그만두세요.

반대로, 여행을 가거나 즐거운 체험을 하는 모습이 담긴 게시물을 보며 덩달아 즐거워지고 마치 직접 간 것 같은 기분을 느끼는 타입이라면 적극적으로 SNS를 보는 것도 의미가 있습니다.

자신의 멘탈이 닳아 없어지는 행동은 피하고 '마음을 채워주는 것'을 적극적으로 찾아 실천하면서 매일을 만족감으로 가득 채우며 생활하는 것이 좋습니다.

기억하기 내 기분을 좋게 하는 것들로 마음을 풍요롭게 채운다.

습관26

소문에 휘둘리지 말 것

타인에 대한 소문은 신경 써 봐야 득이 될 게 하나도 없습니다.

만약 "OO 씨가 당신에 대해 이렇게 말하던걸요"라는 말을 들었다고 생각해 봅시다. 당신은 기분이 상해서 "OO 씨야말로 이러이러하거든요" 하고 분한 마음을 말로 내뱉었습니다. 이런 상황에서 상대는 당신의 말을 아무에게도 전하지 않을 거라고 생각하나요? 분명히 OO 씨한테 고자질할 거라는 생각이 들지 않나요? 그러면 OO 씨는 또 당신의 험담을 할 거라고 충분히 예상할 수 있습니다. 인간은 보고 들은 일을 약간 부풀려서 말하는 경우가 많습니다. 그래야 더 '재미있으니까'요.

좋지 않은 이야기일수록 더 살이 붙고 부풀려져서 퍼져나가기

쉽습니다. 말을 퍼뜨리고 다니는 사람은 곤란할 일이 없는 입장에서 양쪽에게 상대의 험담을 계속해서 퍼 나르겠지요.

가혹한 인간의 행동에 휘둘리지 않는다

이 세상에는 이해되지 않는 행동을 해서 인간관계를 엉망으로 만들며 즐거워하는 사람이 정말 있습니다. 그런 사람이 말하는 "왠지 재미있어서"라는 유치한 감정에 휘둘리는 것은 '남의 소문을 그대로 믿고 반응하는' 일입니다. 당신이 행복해지기 위해서라도 절대 그렇게 못된 인간의 행동에 휘둘리지 말아야 합니다.

또 어쩌면 당신은 무의식적으로 남의 험담에 가담한 적이 있을지 모릅니다. 그런 이야기를 하고 있을 때, 당신의 성품은 점점 낮아질 것입니다. 아무리 고급 정장을 입고, 아무리 고상한 취미를 가지고, 아무리 인맥이 좋더라도 그런 것들은 당신의 외면에 지나지 않으며 내면을 완전히 숨길 수는 없습니다. 지금 당장 그만둬야 합니다.

마음이 시궁창이 되어 버리면 악취 제거 스프레이로 악취를 없애려 해도 절대 사라지지 않습니다. 하지만 스스로 깨닫고 있다면 늦지 않은 겁니다. 이제부터 마음의 시궁창을 청소하면 되니까요. 하던 행동을 그만두기만 해도 지금보다 훨씬 더 깨끗하고 행복해진다니 이보다 쉬운 일이 있을까요(새로운 일을 시작하는 것보다 간단합니다. 아주 약간의 용기가 필요하겠지만요).

　이러한 결단과 용기는 피해 입고 있는 사람에게도 필요한 감각입니다. 마음이 시궁창 같은 사람이 가까이에 있어 힘들다면 슬쩍 거리를 두세요.

　그런 사람에게 휘둘리는 것은 너무 어리석고 쓸모없는 일입니다. 그 사람의 마음에 차 있는 악취까지 당신이 청소해 줄 필요는 없습니다.

기억하기 마음이 시궁창인 사람 때문에 상처받지 말고, 내 마음의 상태도 자주 확인하자.

습관27

남의 뒷말이나 험담은
그저 흘려보내면 된다

이 세상에 아무에게도 나쁜 말을 듣지 않고 누구에게나 사랑받는 사람은 존재하지 않습니다. 제아무리 호감도가 높은 유명인이라도 분명히 안티는 있습니다. 안티는 딱히 뚜렷한 이유가 없어도 왠지 마음에 들지 않는다거나 사소한 이유로 자신에게 반격을 가할 것 같지 않아 보이는 사람을 공격합니다(무섭군요).

하지만 그런 나쁜 말은 본래 평소대로 생활하고 있으면 당신의 귀에 잘 들어오지 않습니다. 현실 세계에서는 내 험담을 직접 듣는 일은 드물고 굳이 직접 말해 주는 사람은 그 사람이 '위험한' 사람이므로 성실하게 상대할 필요는 없습니다(대응하기 상당히 어려운 유형이므로 증거를 수집해 거리를 두거나 도망치기를 진심으로 권합니다). SNS상에서 전해 듣는다면 차단이나 음소거 기능을 이용하거나 SNS를 아예 그만두는 방법 등으로 자신을 지키는 것이 좋습니다.

하지만 이 단계들마저도 넘어서 당신에게 그런 정보를 직접 전하는 사람이 있으면 난감해질 텐데요. 애초에 사람은 왜 남에게 좋지 않은 말을 들었을 때 그냥 흘려듣지 못할까요?

그것은 들은 말에 대해서 자신도 짚이는 데가 있기 때문일 겁니다. 사람은 완전히 나와 관계없고 사실무근인 일로 험담을 들으면 전혀 반응하지 않습니다. '내심 신경 쓰고 있는 자신의 약점'을 찔렸을 때 반응을 보이지요. 비유가 썩 좋지는 않습니다만, 몸이 너무 말라서 걱정인 사람이 다른 사람에게 "돼지 같아" "그렇게 살쪄서 맞는 옷이 있겠어?"라는 말을 듣는다면 과연 '아, 내 흉을 보고 있구나!'라고 생각할까요? 아마 그렇지 않을 겁니다.

이 경우 마음을 상하게 하는 험담은 "깡말랐잖아" "남잔지 여잔지 도통 모르겠네" "그렇게 팔이 가늘어서야 여자한테도 팔씨름 지겠는걸?" 등 남의 콤플렉스를 돌직구로 공격하는 말일 것입니다. 그러잖아도 고민하는 일을 꼭 집어 비아냥거리면 사람은 누구나 심하게 마음이 흔들릴 수밖에 없습니다. 이때 화를 내거나 울면서 감정을 드러내면 상대는 더욱더 당신의 화를 돋우고 울릴 수 있는 말을 쏟아 낼 것입니다.

되받아치고 싶을 때는
속으로 미움을 표현하는 정도로 그친다

이러한 상황에서 전혀 동요하지 않고 자신에 대한 소문이나 험담에도 강인하게 대처할 수 있는 방법이 과연 있을까요? 네, 있습니다.

무슨 말을 들어도 한 귀로 흘려듣기만 하면 됩니다. 휘둘리지 않고 그냥 넘길 수 있는 강철 같은 마음을 가진다면 당신에게 향하는 험담은 이 세상에서 사라지고 당신은 그 어떠한 소문과 험담에도 아무런 타격을 입지 않게 될 것입니다. 하지만 무슨 일이 있어도 되받아치고 싶을 때는 마음속에서 반격하는 정도로 그치세요. 속으로 이렇게 반격하는 겁니다.

외모가 예쁘다/못생겼다
↳ 너는 사람을 외모만으로 판단하는구나. 좁은 세상에 갇히지나 않을까 걱정이네

성격이 나쁘다
↳ 성격이 나쁘기로는 남의 흉이나 보고 있는 당신을 이길 수 없죠

집이 부자다/가난하다
↳ 이 세상의 가치를 전부 돈으로 생각하는 당신이야말로 마음이 너무 가난한 거지

지위가 높다/낮다

↳ 늘 그런 걸 일일이 비교하면서 하루를 보내고 있다니 피곤하지 않아요?

험담이나 뒷담화에 가장 효과 있는 대책은 '무관심' '무반응' '무응답'

애초에 험담이나 뒷담화는 상대를 얼마나 의기소침하게 만드느냐에 그 가치가 있으므로 당신이 약 올라 반응하면 할수록 상대가 원하는 대로 해 주는 격이 됩니다. 험담이나 뒷담화에 대처하는 가장 효과적인 반격은 무관심, 무반응, 무응답입니다.

말을 되받아치면 상대와 똑같이 품격 낮은 사람이 되므로 **상대의 말을 무시하고 아무 반응도 보이지 않는 방법이 당신의 심신을 지키는 데 필요한 최강의 멘탈입니다.**

어떻게 하면 자신이 '강철 멘탈'이 될 수 있을지 연구하는 것이 가장 빠르고 효과적인 방법이지요. '말이 쉽지, 실제로 그렇게 할 수 있는 사람은 본성이 밝고 긍정적인 인간뿐일 거야'라고 생각하면서 혹시 지금 이 책을 내던지지는 않았나요?

마음을 가진 사람이라면 그 누구라도 우울증에 걸릴 가능성이 있기 때문에 본성이 긍정적이든 부정적이든, 타인의 험담에 무방비 상태로 맞서다가는 마음에 병을 얻게 됩니다. 정면으로 맞설 필요는 없습니다. 때에 따라서는 당장 도망치는 것이 정답이라는 사실을 받아들여야 합니다.

험담에는 두 가지 종류가 있습니다. 실제로 자신에게 원인이 있는 말과 사실무근, 즉 아무 근거가 없는 말(상대의 오해)입니다.

"태도가 건방지다" "말투가 거슬린다" "사람을 업신여긴다" 등 당신의 행동에 험담의 원인이 있는 경우에는 진지한 자세로 자신을 객관적으로 들여다보고 적극적으로 반성해 고쳐나가면 됩니다. 그러나 그 고치고자 하는 노력을 방치하거나 뒤로 미루다가는 앞으로 오랜 시간에 걸쳐 많은 사람의 신뢰를 잃게 되므로 이때는 흘려듣지 말고 상황을 마주하는 것이 좋겠습니다.

만약 전혀 근거가 없는 험담이라면 무시한다고 해서 피해 보는 일은 거의 없으니 그냥 무시하고 넘어가세요.

온라인상에서의 험담은 특히 반응하는 사람이 진다

실제로 익명이 당연시되어 있는 온라인 세계는 항상 험담과 악성 댓글이 넘쳐나고 있습니다. 트위터 같은 SNS에서도 때때로 악성 댓글을 쓰는 사람들이 있는데 이것을 방치한다고 해서 당신이 뭔가 손해 입는 일은 없습니다. 온라인상의 악플은 특히 반응하는 사람이 지는 경우가 많습니다. 누군가 있지도 않은 소리를 써 대면 즉시 반론하고 싶어지겠지만 한 번의 반론에 또다시 수백 개의 거친 댓글이 달리는 것이 온라인 세계입니다.

아무런 의미도 발전도 없는 언쟁을 혼자서 여러 명을 상대로 계속하게 되는 것이지요. 제삼자 입장에서는 '보고 있어도 불쾌한데, 그런 걸 뭘 상대하고 있지?'라는 생각이 들지도 모릅니다. 결국 손해 보는 건 자신뿐이지요. 만약 인터넷상에서 심한 말을 들었다면 차단이나 음 소거 기능을 적극적으로 사용하세요. 그리고 절대로 상대의 계정을 보러 가지 마세요. 볼 가치도 없습니다.

반대로 당신이 차단을 당했어도 상대를 탓하거나 충격을 받았다며 글을 올릴 필요는 없습니다. 상대의 상태 수준이 낮으면 낮을수록 차단한 일을 주위에 퍼뜨리면서 자신의 정당성을 주장하겠지요. 현실에서 연결되어 있는 상대라 해도 온라인에서 갈등이 있었던 일을 주위 사람들에게 푸념하면 듣는 사람도 거북해할 테니 하지 않는 것이 좋습니다. 실제로도 살짝 거리를 둬 보세요. 온라인에서만 교류하는 '맞지 않는' 상대와는 관계를 끊어야 합니다. 온라인 세계에서의 인간관계는 딱 그정도입니다.

현실 세계에서도 그렇지만 만약 험담에 응수할 거라면 철저하게 맞설 각오가 필요합니다. 각오하고 일단 시작하면, 많은 시간과 노고를 낭비하게 될 겁니다. 쓸데없는 언쟁에서 이기다고 해서 얻는 것은 아무것도 없습니다. 그런 각오는 하지 않는 편이 더 낫겠지요. 전체적으로 보면 완전히 헛수고인 일에 굳이 아까운 시간과 노력을 들이지 마세요.

기억하기 온라인에서만 교류하는 나와 맞지 않는 사람과는 관계를 끊어야 한다.

습관28

즐거움을 위한
적당한 지출을 허용하라

여러분은 돈을 제대로 사용하고 있다고 자신할 수 있는지요?

세상에는 돈을 필요한 용도에 맞춰 효율성 있게 사용하지 못한 결과로 힘든 상황에 처한 사람이 많습니다. 돈이 없으면 마음도 불안하고 심란하겠지만, 절약도 도가 지나치면 하루하루 생활이 괴로워지고 힘겨운 인생을 초래하기도 합니다.

돈을 철저히 관리하고 현명하게 사용한다고 자신하는 사람일수록 길을 잃고 혼란스러워하는 건 아닌지 확인해 볼 필요가 있습니다. 혹시 다음과 같은 식으로 돈을 사용하고 있는 건 아닌지 살펴보세요(물론 평소에 어느 정도 자신에게도 돈을 사용하면서 아래의 항목에 해당되는 사람도 있습니다).

나를 위해서 돈을 쓰는 것은 왠지 나쁜 일처럼 느껴진다

↳ 가족을 위해서 쓰는 돈은 금액이 꽤 된다

장래를 위해서 저축해 두지 않으면 걱정이 된다

↳ 결국 지금 입는 옷이나 식료품을 사는 데는 주저한다

남들이 모두 갖고 있는 물건은 나도 가져야 한다

↳ 꼭 갖고 싶은 물건도 아닌데 무리해서 사게 된다

쇼핑은 특별 세일 등 싸게 팔 때 해야 한다

↳ 싸게 판다고 굳이 필요하지 않은 물건까지 사서 때로 식품을 다 먹지 못하고 버린다

자신에게는 비싼 물건을 살 여유가 없다

↳ 저렴한 물건을 대량으로 구입하는데 전부 합해 보면 결국 상당한 금액이다

대개는 결과적으로 쓸데없는 지출이 많아집니다. 그래도 돈이 충분하다면 괜찮겠지만, 때때로 큰 문제가 생기기도 합니다. 이를테면, 건강 검진을 받거나 보험으로 지불하는 비용이 아깝다고 줄였다가 나중에 아플 때 드는 치료비가 더 비싸서 적자가 되기도 하지요.

또는 가족을 위해 돈을 절약해 온 주부가 자신은 여지껏 희생해 왔는데 모두 자신을 소중히 여기지 않는다고 결국 우울증에 걸린다면, 진작 마음에 여유를 가질 수 있게 자기를 위한

지출을 하는 편이 더 행복했을지도 모르지요.

특히 자녀 양육에 모든 에너지를 쏟아 부은 사람일수록 막상 자녀가 독립해서 부모 곁을 떠날 때 상실감과 외로움을 느끼기 쉽습니다. 이러한 현상을 '빈 둥지 증후군'이라고 합니다. 지금까지 유지해 온 생활의 균형이 흐트러질 때 당혹해하지 않게, 이제는 자신에게도 시간과 에너지를 쏟으면서 서서히 시야를 넓히려는 의식도 필요합니다. 위의 모든 사례에서 부족한 것은 '나를 위해 돈을 사용하는 일'입니다. 왜 나를 위해 돈을 쓰는 데 죄책감을 느끼는 걸까요?

자신을 위한 물건을 사서는 안 된다는 생각

전업주부 J씨가 있었습니다. 실제로 양말에 구멍이 나서 새로 사 신어야 할 때도 남편이나 아이들에게 몇 번이나 "아직 신을 수 있는데 버리면 낭비일까? 새로 사지 않는 게 좋겠지?" 하고 확인할 정도다 보니 가족도 이대로는 안 되겠다고 느꼈던 모양입니다.

남편은 J씨에게 "한 달에 20만 원은 마음대로 써도 돼"라고 말했습니다. 그렇게 해결되는 듯 싶었지만 J씨는 오히려 이 돈을 어디에 써야 할지 모르겠다며 한층 더 고민이 깊어졌습니다.

그는 아무 일도 하지 않고 남편에게 부양받는 것이 아니라, 요리와 청소를 비롯한 집안일을 책임지고 남편의 회사 일을 돕는 등 정성껏 가족을 지탱해 주는 '일'을 하고 있었습니다. 더구나 가정 경제에 문제가 없는 범위에서라면 남편이 제안한 월 일정액을 자신이 원하는 데 충분히 사용해도 괜찮았지요. 하지만 나를 위해서 돈 쓰는 일을 허용할 수 없다고 굳게 믿는 경우, 본래 같으면 행복한 행위를 행복으로 인식하지 못하는 사고 회로로 점차 변하고 맙니다.

일해서 급여를 받는 사람이라면 더더욱, 돈의 일부를 자신을 위해 사용함으로써 스트레스를 해소하는 데 관대해져도 좋습니다. 죄책감을 느낄 필요는 없는 것이지요.

'한 달에 한 번만 조금 호화로운 식사를 한다' '일주일에 한 번 달콤한 디저트를 먹는다' '한 달에 10만 원만 옷을 사는 데 쓰자' 이런 식으로 수입과 지출 균형이 깨지지 않는 범위에서 자신에게 어떤 선물을 줄 것인지 생각해 보는 겁니다. 이런 사고를 반사적으로 '옳지 않은 일'이라고 단칼에 잘라 버리는 사람은 지금 다시 한번, 돈을 어떻게 사용해야 하는지 곰곰이 생각해 보는 것이 좋습니다. 나의 기분을 조절하고 통제할 수 있는 사람은 나밖에 없습니다.

스스로 자신을 몰아붙이면 당신은 그 어디에도 도망칠 곳이 없어집니다. 그렇게 노력하고 있는 당신이 가엾지 않나요?

예로부터 검소한 생활을 하며 악착같이 저축하는 것을 미덕으로 여기는 분위기가 있습니다. 더구나 요즘은 장래를 생각하면 집 관련한 비용이나 자녀 교육비, 부모 간병비 등 당장 추가 지출을 주저하게 만드는 불안감을 누구나 느낄 수밖에 없는 세상이기도 하고요. 그런 가운데 장래를 위해 지금 나의 욕구를 억누르자고 철저하게 스스로를 얽매고 빡빡한 생활을 강요하면 살아가기가 더 힘들어집니다. 뭐든지 지나치면 모자라는 것만 못한 법입니다. 약도 지나치면 독이 되지요.

'자신의 마음을 잘 보살피기 위해서' 평소에 즐거움을 얻을 수 있는 적절한 지출을 자신에게 허용해 주세요. **즐거움을 위해 돈을 사용하는 것은 나에 대한 투자이고 인생에 반드시 필요한 경비입니다.**

기억하기

즐거움을 위한 지출은 인생에 꼭 필요한 경비다.

습관29
정기적으로 나를 돌본다

자신에게 주는 선물은 물론이고, 애초에 자신을 쉬게 하거나 아껴 주면서 스스로 소중하게 여기는 일조차 죄의식을 느끼는 사람이 있습니다. 앞서 소개한 J씨도 그런 유형이지요. 그래서 저는 J씨에게 20만 원을 어디에 쓸 것인지 생각하기 전에 '휴식'을 계획하라고 제안했습니다.

"매일 하는 집안일을 멈추고 온전히 휴식하는 시간을, 주 2회라도 좋으니 꼭 만드세요. 그 시간에는 자신이 좋아하는 일을 하고, 그러다 갖고 싶은 물건이 생기면 20만 원을 사용하는 거예요. 해 보시겠어요?"

휴식을 취하라니, 그런 말은 남에게 듣지 않아도 누구나 할 수 있지 않느냐고요? 그렇게 생각한다면 당신은 굉장히 행복한 사람이거나 실은 이 말을 충분히 이해하지 못하고 있는 건지도 모릅니다. 이 세상에는 휴식을 게으름 피우는 것으로 오해하는 사람이 무척 많습니다. 휴식은 게으름이나 농땡이와는 달리, 한 번으로는 해낼 수 없는 일을 끝까지 해내기 위해서 반드시 확보해야 하는 소중한 시간입니다.

근로기준법에도 '휴게 시간'에 관한 규정이 있습니다. 이를테면, 근로자에게는 6시간 이상 8시간 이하의 근무 시간인 경우 적어도 45분 이상(한국의 경우, 근로 시간이 4시간 이상인 경우에는 30분 이상, 8시간 이상인 경우는 1시간 이상) 휴식을 취할 권리가 있다고 명시되어 있습니다. 이 휴게 시간 중에 조금이라도 일을 하면 그 시간은 '휴게'에 포함되지 않습니다. 근로 시간의 상한도 1일 8시간, 주 40시간까지로 제한되어 있습니다.

이러한 조건이 정해져 있는 이유는 이 이상 근로 시간이 장기간 연속될 경우 과로사할 가능성이 매우 커진다는 사실이 판명되었기 때문입니다. 그런데 집안일처럼 언제부터 언제까지가 노동인지 구분하기 어려운 경우, 온전히 집안일을 하지 않는 시간을 확보하기는 매우 어려워서 자신이 무리하고 있다는 사실조차 깨닫기 힘들지요.

인생은 길기 때문에 반드시 적당한 시기에 적당한 만큼 휴식을 취하지 않으면 쓰러질 게 분명합니다. 당신은 제대로 휴식을 취하면서 인생을 보내고 있나요?

누군가가 아닌 나를 우선시할 것

일찍이 석가모니는 깨달음을 얻으려고 고통스러운 수행을 계속했습니다. 하지만 단식 수행을 계속해도 득도할 기미조차 보이지 않았지요. 행색도 너무나 꾀죄죄하고 야위었던 석가모니는 지치고 더러워진 몸을 씻으려고 가까이 흐르는 강을 향해 비트적비트적 걸어갔습니다. 그때 우연히 근처에서 나무의 신에게 감사를 올리던 수자타라는 사람이 석가모니를 나무의 신으로 잘못 알고 우유죽을 바쳤습니다. 아마 석가모니도 무척 고민했겠지요.

'죽을 받아들면 몇 년에 걸쳐 고행을 해 온 자신이 틀렸다고 인정하는 게 되지 않을까?' '지금까지의 고행이 헛수고가 되는 건 아닐까?' '다른 고행자들에게도 고행을 단념했다고 비난받을 게 틀림없다' 여러 가지 복잡한 생각이 오갔지만 석가모니는 이때 '과거의 잘못된 생각에 사로잡힌 자신'과 결별하기를 선택하고 우유죽을 받아서 먹었습니다. 뇌가 에너지 부족으로 인해 제대로 움직이지 않으면 사람은 우울해지고 판단력이 흐려져 잘못된 선택을 하게 됩니다. 고행 중이었던 석가모니도 그랬던 걸까요?

우유죽으로 에너지를 얻은 석가모니는 기력도 회복했습니다. 심신이 모두 건강해진 것이지요. 그러고 나서 평온한 마음으로 근처의 보리수 나무 밑에 앉아 깨달았습니다. '인간은 아무리 힘들게 자신을 몰아붙인다고 해도 얻는 것은 없다'는 사실을요. 이것이 불교의 출발점이지요.

과거의 위인들도 "지나친 것은 금물이다. 힘들기만 해서는 아무것도 이뤄낼 수 없다"고 강조했듯이 현대를 사는 우리 또한 자신에게 지나치게 엄격해서 얻는 것은 병뿐이라고 할 수 있습니다. 그렇게 생각하면 '나를 돌보는 일'이야말로 인생을 살아가는 데 최우선 되어야 합니다. 야생동물도 기본적으로는 자신의 생존이 최우선이며 타자를 위해서 살아가는 동물은 없습니다.

얼룩말처럼 무리를 위해서 한 마리가 희생되는 초식동물도 있지만, 그것은 자기만 희생되는 것이 아닙니다. 그들은 무리 전체의 생존을 우선하고 자신이 속한 종족이 앞으로 살아남을 것을 목표로 해서 움직일 뿐이지요. 실제로 몸이 약한 한 마리가 사자에게 공격받고 있는 동안 다른 모든 동물이 도망칩니다. 잔혹하다고 생각할지도 모르지만 자연 속에서는 생존을 위해 필요한 일입니다.

그러나 현대 사회를 살아가는 인간들은 '누군가를 위해서 살아간다'는 것이 좋은 일이라고 믿으며, 무턱대고 이를 강조

하고 심지어 강요하는 분위기입니다. 실은 매우 부자연스러운
일인데 말이죠.

기억하기 '누군가를 위해서'가 아니라 '나를 최우선'으로 해서 살
아가야 한다.

습관 30

칭찬한 사람의 마음을
부정하지 말 것

타인에게 칭찬을 받으면 여러분은 어떤 반응을 보이나요? 자기 평가가 낮은 사람은 남이 칭찬하면 그 말을 일단 부정하고 보는 경향이 있습니다.

예를 들어 누군가가 "이야기를 들어 보니 여러 가지 일에 마음을 쓰는 매우 좋은 분 같군요"라고 말하면 "그렇지 않아요! 저는 너무 부족한 사람인 걸요" 하고 대번에 부정하곤 합니다. 무슨 말을 해도 "저는 칭찬받을 만한 사람이 못 됩니다"라는 말만 끈질기게 하지요.

겸손해서 그러는 건지도 모르겠지만 이 반응을 칭찬한 사람 쪽에서 보면 어떨까요?

"옷이 멋지시네요."

"아뇨, 전혀요. 색상도 왠지 좀 이상하고, 오히려 죄송하네요. 빈말로 칭찬하신 거죠?"

"네? 아니, 빈말이라니요……. 아, 뭔가 저야말로 죄송하네요."

오히려 칭찬한 사람이 잘못한 건가 싶을 정도로 칭찬한 사람의 의견이 부정되었습니다. 물론 이 정도까지는 아닐지 몰라도 부정의 말은 상대가 한 말 자체를 전부 부정한 것이 된다는 사실을, 어렴풋이 눈치채셨나요?

저는 필요하다고 판단한 경우에는 내담자들에게 명확하게 이야기하는 편이어서 이런 상황에서 "지금 칭찬한 사람의 마음을 부정하신 거 아닙니까?"라고 묻습니다. 그러면 대부분 "네? 칭찬한 사람의 마음이요?" 하고 놀라지만, 확실히 상대를 부정하고 있습니다.

앞서 든 사례를 극단적으로 말하자면 "네? 옷이 멋지다고요? 이 옷이 멋져 보인다니 이상하군요. 이런 걸 칭찬하시는 거예요?"라고 말하는 것이나 다름없지요. 상대의 센스를 완전히 부정하고 있는 겁니다.

'그게 말이죠, 상대가 진짜로 이 옷을 칭찬할 리도 없고 진심으로 칭찬하는 게 아니니까……' 마음속으로 이런 생각이 들더라도 당신은 초능력자가 아니므로 정말로 상대가 진심으로 칭찬하는지 아닌지를 판단할 능력은 없습니다.

당신이 대화 상대에게 칭찬의 말을 들었고, 당신은 대화 상대의 의견을 부정했다는 것만이 확연히 드러난 사실입니다. 그렇다면 어떻게 해야 좋을까요?

상대의 칭찬은 무조건 일단 받아들여라

여기서 해결책으로 익혀야 할 것은 단 한 가지입니다. 상대가 거짓말을 하든 빈말을 하든, 혹은 진심으로 말하든 전부 받아들이고 "고맙습니다. 정말 기뻐요!"라고 감사의 말을 전하는 겁니다. 진실이 어떻든 상관없습니다. 일어난 일만이 현실이니까요. 어쨌든 상대의 칭찬은 무조건 받아들이세요. 마음으로 납득하고서 받아들이지 않아도 괜찮고 뒤에서 모두가 "진짜로 칭찬한 줄 아나 봐"라고 비웃어도 전혀 관계없습니다.

앞서 말했듯이 험담이나 소문은 직접 듣지만 않는다면 당신의 현실 문제가 되지 않습니다. 상대를 칭찬해서 분위기를 띄우고 웃음거리로 만들려고 하는 사람은 상당히 비열한 인간입니다. 그런 인간이 뭘 하든 당신의 현실에는 '칭찬받은' 일밖에 일어나지 않은 것입니다. 그러니 웃으면서 받아들이면 됩니다.

칭찬할 가치가 있느냐 없느냐는
상대가 결정할 일

애초에 당신이 칭찬받았을 때, 당신이 스스로를 어떻게 평가하고 있는지는 상대에게 전혀 문제되지 않습니다. 실제로 칭찬할 가치가 있는지 없는지는 상대가 판단할 일입니다. 따라서 "나는 칭찬할 가치가 없는 인간이야"라고 말해 상대의 칭찬을 부정하는 것이야말로 정말 상대에게는 쓸데없는 참견인 것이지요. 대체 칭찬할 가치가 없는 인간이란 어떤 존재일까요?

이를테면 아기는 생후 몇 개월 동안의 인생에서 어떤 공적을 이루지는 않습니다. 당연히 사회에서 꼭 필요하거나 도움이 되는 일을 하는 것도 아니고요. 그렇다면 아이에게 "착한 아이네"라든가 "듬직한 아이군" 하고 칭찬하는 것은 잘못일까요? 칭찬받을 수 있는 존재라고 평가하는 것은 잘못된 일일까요?

사람은 누구나 그 사람이 존재하는 것만으로 다른 누군가에게 행복이 될 수 있습니다. 그것만으로도 의심할 필요 없이 칭찬받을 가치가 있는 존재이지요.

그렇다면 어째서 자신만 칭찬받을 가치가 없는 존재라고 단언하는 걸까요? "나는 칭찬받을 가치가 없어"라고 말하는 사람은 자신도 모르는 사이에 많은 사람을 부정하는 사람이 되어 있습니다.

더욱 다양한 시점으로 우선 모든 것을 받아들이는 데서부
터 시작해 보면 어떨까요?

습관31

기쁨과 감사의 말을 들었다면
역시 표현해 주자

누군가에게 칭찬을 받고 기쁨과 감사의 말을 듣는 것은 일하는 데 가장 큰 동기 부여가 됩니다.

초진 때 거의 울기만 했던 내담자가 마지막 진료 때 조금이나마 웃는 얼굴로 "진찰받길 잘했어요"라고 말해 주면 저 역시 무척 기쁩니다.

내담자가 조금이라도 기뻐하면 더 기쁘게 해 주고 싶은 마음이 들고, 자연스럽게 최신 치료법이나 약물 치료에 관해서도 더 공부하고 관심을 기울이게 됩니다. 물론 다른 어떤 직업도 마찬가지겠죠. 칭찬받으면 기뻐서 더 노력하고 그 노력에 또 칭찬받고…… 이런 과정을 거치며 인생의 만족도가 점점 높아져 가는 것 아닐까요?

　그러기 위해서 처음에 칭찬을 들으면 순순히 받아들이고 "당신 덕분입니다!"라고 말해 보세요. 그것을 시작으로 좋은 선순환이 계속 일어나게 될 테니까요.

기억하기
칭찬에 "당신 덕분입니다!"라고 대답해 선순환을 일으킨다.

습관32

남몰래 하는 '좋은 사람 놀이'

우선 어떻게 해야 선순환이 일어나는지를 생각하고 의도적으로 이 연쇄를 일으키는 것을 과제로 삼는 것도 한 가지 방법입니다. 칭찬받기를 하나의 목표로 삼고 자신이 맡은 일을 해 보는 것이죠.

사무직으로 일하는 사람이라면 평소보다 정성껏 서류를 나눠 준다(책상에 놓아둘 때는 가지런히 놓고 직접 건넬 때는 반드시 "고생 많으십니다"라고 인사말을 건넨다)거나, 사내에서 누군가와 스쳐 지날 때 상대보다 빨리 고개를 숙여 인사하는 정도도 좋습니다.

오히려 난도가 너무 높으면 실행할 수 없으니 처음에는 간단한 목표부터 꾸준히 시도해서 서서히 난도를 높여 가면 좋겠지요.

'왠지 너무 이러면 착한 사람 흉내를 낸다고 뭐라 할 것 같아'라는 생각에 주저하게 된다면 당신은 감이 좋은 사람입니다.

저는 '좋은 사람 놀이'를 가정과 회사, 학교에서 눈에 띄지 않을 정도로 자연스럽게 할 것을 권합니다. 이 놀이는 사실 다른 사람이 눈치채지 못할 정도로 하는 게 딱 좋습니다. 일이 전혀 즐겁지 않더라도 그 일을 진심으로 즐기고 있다는 듯이 밝은 성격을 연기해 본다든가 가면을 써 본다는 발상으로 해 보세요. 이건 꿀팁입니다.

솔직히 말해서, 무슨 일이 있든 어떤 일을 당하든 정말로 일이 즐겁다고 단언할 수 있는 사람은 거의 없겠지요. 그런 가운데, 하기 싫은 속마음을 그대로 드러내면서 마지못해 일하기보다는 거짓이어도 좋으니 겉으로는 즐거운 듯 그리고 센스 있게 해 보는 겁니다.

문의에 빨리 회신하고 뭔가 상대가 실수해도 "괜찮습니다!"하고 웃으며 도와줄 수 있는 캐릭터의 가면을 쓰고 연기해 보세요. 매일, 온종일 하지 않아도 됩니다.

저도 병원에서 조금 시도하고 있습니다만, 그 결과 '대화하기 편한 좋은 선생님'으로 평가받고 있는 듯합니다. 이렇게 실천하고 있는 사람과 그렇지 않은 사람 중에서 단연코 실천하는 사람의 인상이 더 좋겠지요. 그렇다면 어떻게 생각해 봐도 기꺼이 좋은 사람을 흉내 내는 것이 상책일 것입니다. 썩 마음 내키지 않지만 해야만 하는 일이라는 틀에서 한 가지 즐거움을 찾아낼 수 있다면 하루하루의 기쁨이 더해져 삶의 질이 훨씬 높아지겠지요.

지금 하는 일을 '즐겁지 않은 일'로 여기며 힘겨워하고만 있을 게 아니라 거짓이어도 좋으니 '즐길 수 있는 나'의 모습을 만들어 보세요. 그래서 정말로 조금씩 즐거워진다면 어떻게 생각하든 이득입니다. 이럴 때는 괜히 고지식할 정도로 착실하지 않아도 괜찮습니다.

자, 당신은 어떤 캐릭터로 도전해 보겠습니까?

기억하기 거짓이어도 좋으니 겉으로 즐거운 듯이 지내면 정말로 조금씩 기쁨이 늘어난다.

습관33

칭찬받을 줄 알아야
칭찬도 할 수 있다

인간관계를 향상시키려면 칭찬할 줄 알아야 한다는 말을 자주 듣습니다. 특히 직장 내 커뮤니케이션이라면 '칭찬은 일의 중요한 요소'라고 많은 비즈니스 서적에도 나와 있지요.

하지만 칭찬하는 데 서툰 사람이 많습니다. 반대로, 억지로 무리하게 칭찬하다가 실패하는 사람도 상당히 많습니다. 한창 진지한 이야기를 나누고 있는데 상사가 칭찬이랍시고 느닷없이 "자네 속눈썹이 참 길군" 하고 말한다면 그 부하 직원은 어떻게 반응해야 할지 몰라 당황하겠지요. 실제로 '적절하게 칭찬하기'란 무척 어려운 일입니다.

어떻게 칭찬받았을 때 받아들이기 쉬운지 알기

칭찬받는 데 익숙하지 않다면 칭찬하는 행위가 어떤 것인지도 깊이 생각해 본 적이 없을 겁니다. 게다가 칭찬하는 데 필요한 센스도 발달하지 못했기 때문에, 무리하게 칭찬하려다가 오히려 상대방의 오해를 살 수도 있습니다.

어떻게 해야 칭찬을 잘할 수 있을까요? **'내가 어떤 칭찬을 들으면 기쁜지'** 항상 관심을 기울여야 합니다. 어떤 식으로 칭찬을 들으면 받아들이기 쉬운지도 더불어 생각하면서, 칭찬받은 일을 계속 곱씹어 보는 것이 '칭찬을 건네고 또 순순히 받아들이기 수월한' 사람이 되기 위한 지름길입니다.

업무 성과를 칭찬받고 싶은 건지, 아니면 노력한 과정을 칭찬받고 싶은 건지, 혹은 나의 장점이라고 생각한 점을 칭찬받고 싶은 건지, 반대로 나도 깨닫지 못했던 개성을 칭찬받고 싶은 건지……. 내가 과연 어떤 칭찬을 듣고 싶은지 구체적으로 생각해 보세요.

 평소에 듣고 싶은 칭찬을 구체적으로 머릿속에 그려 본다.

습관34

내가 듣고 기뻤던 칭찬을
상대에게도 해 준다

어떤 때 어떤 식으로 칭찬받으면 더욱 큰 기쁨을 느끼는지를 오늘부터라도 생각해 볼까요? 우선은 스스로 칭찬해 주세요. 낯설지도 모르지만 내가 이상적이라고 여기는 칭찬을 실행할 수 있는 사람은 나밖에 없습니다.

너무 쑥스러워하지 않아도 됩니다. 마음껏 칭찬해도 어차피 아무한테도 당신의 속마음이 보이지 않으니까요.

자신의 칭찬을 자연스럽게 받아들일 만큼 칭찬하는 데 능숙해지면 그다음에는 응용편입니다. 내가 들었을 때 기뻤던 칭찬을 다른 사람에게 똑같이 해 보는 겁니다.

물론 사람은 칭찬받았을 때 기쁨을 느끼는 포인트가 각기

다릅니다. 당신이 칭찬받아 기뻤을 때와 똑같이 칭찬해도 상대는 별로 감흥을 느끼지 못할 수도 있습니다. 그래도 개의치 말고 조금씩 상대의 반응을 확인하면서 생각나는 모든 스킬을 사용해 적절하게 칭찬을 계속해 보세요. 물론 '이 사람, 기껏 칭찬해 줬더니 무시하고 말이야'라고 속으로는 화가 치밀 때도 있겠지만요.

이것은 상대를 칭찬하는 게 목적이 아니라 주위 사람들이 당신을 '좋은 사람'으로 여길 수 있게 하려는 **의태** 행동이라는 사실을 잊어서는 안 됩니다.

남들이 생각할 때 '항상 주위에 불만을 터뜨리는 사람'이 되기보다는 '언제나 뭔가를 칭찬해 주는 사람'이 되면 주변 사람들도 다가오기 편하고 당신의 말에 더욱 귀 기울일 것입니다. 그런 기회가 많을수록 당신의 의견이 더욱 잘 통하게 되는 것은 부정할 수 없는 사실이지요. 우리는 **내가 살아가기 수월하고 편해지기 위해서 다른 사람을 칭찬하는 것**입니다. 이렇듯 명쾌하게 생각하고 우선은 자기 자신을 능숙하게 칭찬하는 사람이 되어 보세요.

기억하기

타인을 칭찬하는 이유는 내가 편하게 살아가기 위해서다.

습관35

가까운 사람과 서로
'가면 속의 민낯'을 자주 바라보자

이 책에서는 삶의 괴로움을 해소하고 타인과의 관계를 원만하게 하기 위한 사고방식으로 **의태**에 관해 여러 가지를 설명했습니다.

'본심을 그대로 드러내지 말고 그 상황과 상대에 맞는 적절한 가면을 쓴다' '자신이 그 자리를 편하게 살아갈 수 있는 가면을 쓴다' 바로 이런 사고방식이지요.

이는 사람이 평범하게 사회생활을 하는 데 트러블을 피하는 수단으로서 무의식적으로 하고 있는 방법입니다. 부모, 자식 관계나 부부 사이에서도 당연히 본심을 그대로 드러내며 대하지 말고 가면을 써서 충돌을 피하는 것이 좋습니다. 하지만 가까운 관계에서 자기 혼자만 의태를 계속하기는 솔직히 힘든 일입니다. '이렇게 가면을 쓰고 대해도 좋은 결과가 돌아오질 않아' '날 알아주지 않아' 하는 불만이 나오는 것도 당연합니다.

다만 상대도 가면을 쓰고 있다는 사실을 잊지 마세요. 아이들은 가면을 쓰고 부모를 대하고 있습니다. 이를테면 '놀고 싶지만 공부를 열심히 하고 있다고 말해야 돼' '너무 힘들어서 다 그만두고 싶지만 부모님한테는 비밀로 하자'라는 식이지요.

당신이 '마음먹고 노력만 하면 해낼 수 있는데, 아이는 건성으로 해서 그래'라며 초조해한다면 그것은 아이의 가면을 보고 초조해하는 것일 가능성이 있습니다. 인정하고 싶지 않겠지만, 자녀의 가면 속 얼굴은 당신이 기대하는 '꿈을 향해 노력하는 아이'가 아니라 실은 '쉽게 포기하는 아이'일 수도 있습니다.

만약 그렇다고 해도 가면 아래 숨겨져 있는 민낯에 화를 낸다고 해서 과연 상황은 당신이 원하는 방향으로 굴러 갈까요?

아마도 **인생을 편하고 행복하게 살기 위해서는 타인이 할 수 없는 일, 불충분한 일도 그대로 받아들이고 인정할 줄 아는 사고와 자세가 필요**한지도 모릅니다.

당신도 역시 누군가가 당신의 불충분하고 완벽하지 않은 모습을 받아들이고 인정했기에 지금껏 살아올 수 있었다는 사실을 기억하세요. 서로 '뭐, 이 정도면 괜찮지 않아?' 하고 마주 웃는 모습이야말로 당신이 추구하는 행복한 인생으로 가는 지름길입니다.

서로의 민낯을 받아들일 줄 알아야 한다

부모와 자식 관계 이상으로 부부 관계는 '가면'과 '민낯'의 차가 확실히 드러납니다.

남편도 아내도 대체로 결혼 전에 사귈 때는 상대에게 사랑받으려고 필사적으로 가면을 씁니다. 특히 맞선으로 만난 경우라면 평소의 모습을 서로 잘 모릅니다. 자신의 결점이 보이지 않도록 처음부터 가면을 쓴 채 그대로 결혼까지 가는 경우도 적지 않습니다.

그런데 결혼해서 함께 살게 되면 가면을 벗어 던지게 됩니다. 그 결과 이런 말을 자주 듣지요. "함께 살면서부터 갑자기 강압적이고 독단적으로 변했어" "결혼 전에는 요리를 좋아한다더니 이제 와 실은 잘 못 한다면서 반찬을 죄다 사 오더라고" "결혼 전에는 칭찬만 하더니 지금은 입만 열면 불만이 쏟아져" 그러다가 이혼에 이르는 사례도 있는가 하면 고민에 고민을 거듭하다 우울에 빠져 정신과를 찾는 사람도 많습니다.

어느 정도 가면 속의 민낯을 받아들이지 않으면 오랜 세월을 함께 살아갈 수 없습니다. 함께 있다 보면 당연히 싫어질 때도 있을 겁니다. 다만 별것 아닌 일로 화가 날 때는 다른 감정으로 치환해 리셋할 수 있어야 합니다. 혼자가 아닌 두 사람의 의지에 따라 부부 생활은 행복과 불행의 길이 크게 갈리는 것이지요.

기본적으로 생판 남끼리 가족이 된 부부라는 관계는 서로 배려하고 존경하며 사랑하지 않으면 금세 무너집니다. 무엇보다도 나중에 돌이킬 수 없는 후회를 초래하기도 하지요. 유난 떠는 거 아닌가 싶을 정도로 매일 두 사람이 '부부란 이렇게 위험한 사이다'라는 사실을 단단히 자각하고 부부라는 틀이 붕괴되지 않도록 함께 노력하는 과정이 필요합니다.

기억하기 내가 그런 것처럼 타인의 불충분한 점도 받아들이고 인정해야 한다.

습관 36

웃는 표정의 가면 쓰기

당신은 가족이 아침에 집을 나섰다가 무사히 돌아올 거라는 보장이 없다는 사실을 자각하고 있나요?

보통 사람들은 그런 자각 없이 살고 있습니다. 저는 임상 현장에서 가족 간에 일어나는 다양한 이별을 지켜봐 왔습니다.

- 엄마와 사소한 싸움을 하고 잠들었는데, 밤 사이 엄마가 뇌출혈로 세상을 떠난 일을 겪은 자녀
- 아침에 쓰레기를 버리느니 마느니 하는 문제로 남편을 일방적으로 힐난했는데 그 후 교통사고로 남편을 떠나보낸 부인
- 회사 여행으로 해외에 나가 있는 사이에 부인이 욕실에서 심장

이러한 일을 겪으며 평생 후회하고 있는 사람들의 이야기를 종종 듣습니다. 이 세상의 어딘가에서 이와 비슷한 생각을 하면서 '왜 그날 조금만 더 자상하게 대해 주지 못했을까?' 하고 후회하는 사람이 있다는 사실을 잊어선 안 됩니다.

부부 사이에 밤에 싸웠더라도 아침이 되면 웃는 얼굴로 "잘 잤어?" 하며 인사를 건네고 "잘 다녀와요" 하고 웃으며 배웅해 주세요. 이럴 때만이라도 가면을 쓰길 바랍니다. 단지 그 행동 하나만으로도 부부 관계가 나름대로 유지됩니다. 무리하지 말고 최소한의 가면이라도 쓰면 커뮤니케이션이 부드럽게 이루어지는 데 큰 역할을 할 것입니다.

서로 얼굴을 마주하지 못한 채 아침 일찍 집을 나서게 되더라도 "다녀올게!" 한마디 메모를 적어 놓는 습관을 들이면 좋습니다. 단지 자기만족에 지나지 않는다 해도, 그 행동 하나로 기분 좋은 하루를 시작할 수 있습니다. 이것은 행복해지기 위해 가장 쉽게 내릴 수 있는 처방전입니다. 회사에서도 마찬가지로 가능한 한 지혜를 짜내어 당신이 웃는 얼굴로 지낼 수 있는 시간을 조금이라도 늘려가는 것이 좋습니다.

다만 여기에 적은 내용은 가족, 부부가 서로 그 관계를 지키려는 의지가 있을 때 해당되는 이야기입니다. 아무리 상대에게 다가가려고 해도 상대가 당신을 무시하거나 업신여기고 소홀히 대한다면 그 관계 자체를 다시 생각해 보는 것이 좋겠지요. 특히 혈연이라는 뗄 수 없는 관계에 한해서는 더욱 그렇습니다.

기억하기

최소한의 가면이라도 쓰면 후회할 일을 줄일 수 있다.

습관37

원치 않는 배려는 독이다

가족 간의 문제는 제삼자가 관여할 수 없으며 그래서도 안 되는 영역이 있다는 것을 우선 인지해야 합니다. 가족 문제로 힘들어하는 사람은 상세한 내막을 알지 못하는 제삼자에게 이런저런 말을 들으면 짜증이 솟구칠 것이고, 당신이 제삼자로서 누군가의 가족 관계에 참견하고 있다면 쓸데없는 오지랖이라는 핀잔을 들어도 당연한 일이므로 지금 당장 그만두는 것이 좋습니다.

가족과 절연 상태인 사람이 있다고 합시다. "가족이니까 서로 대화를 나눠 보면 이해할 수 있을 거야"라고 섣불리 중재하려 들지 마세요(가족과 절연이라는 선택을 할 수밖에 없었던 사람이라면 더욱 공감할 것입니다). 나름대로 상대를 생각해서 한 말이겠지만 이렇게 해서 문제가 해결되는 동화 같은 결말은 거의 찾아볼 수 없습니다.

자칫 잘못하면 상대는 "왜 그런 쓸데없는 참견을 하냐"며 불쾌해할 것이고, 사이가 꼬여 절교하는 상황마저도 벌어질 수 있습니다. 그 정도로 심각한 문제입니다.

'가족은 서로 대화를 나누면 오해도 풀리고 모두 행복해진다'고 생각하는 사람은 비교적 행복한 가정에서 자란 경우가 많습니다. 가족과 돈독한 관계를 구축한 사람은 가족 간에 서로 미워하고 갈등하는 관계도 있다는 사실을 이해하지 못한다고 할까요, 전혀 상상도 하지 못할 겁니다.

계속 말하지만 인간은 사회에서 잘 지내기 위해 다양한 가면을 쓰고 다른 사람들과 관계를 맺습니다. 자신에게 일어난 일을 전부 타인에게 이야기하는 사람은 이 세상에 없습니다.

개중에는 지독한 학대(경제적, 정신적, 성적인 학대 등)를 받고 있거나, 학대라고 인정받지 못했더라도 타인에게 내보이고 싶지 않은 괴로운 아픔을 안고 사는 사람도 있습니다. 그런 사람에게 "그 심정 나도 알아"라는 말을 섣불리 건네는 것은 상처를 한층 더 쓰라리게 하는 행위입니다. 결코 말 한마디로 해결할 수 있는 단순한 문제가 아닙니다.

남에게 간섭받지 않을 권리
남에게 간섭하지 않는 배려

나의 행동이 상대를 상처 입힐 가능성도 있다는 것을 항상 기억해야 합니다.

당신이 부모, 형제나 친척에게서 도망치려고 하는 사람이라면, 당신에게 "대화를 나눠 보면 서로 이해할 수 있을 거야"라고 말하는 사람을 거부하는 건 잘못이 아닙니다. 거부나 거절 의사를 밝히고 상대를 버릴 용기를 내세요. 완전히 절연할 수 없는 관계라고 하더라도 가능한 한 거리를 두는 것은 매우 바람직한 행동이며 죄책감 따위 갖지 않아도 괜찮습니다.

만약 당신이 '좋을 거라고 생각해서' 앞의 이런 행동을 하는 사람이라면 지금 당장 그 행동을 멈춰야 합니다. 하지 않고 그냥 지나친 데 죄책감을 느낄지도 모르지만, 정말로 도움이 필요하다고 상대가 말할 때까지는 절대 아무것도 하지 마세요. 그것이 진짜 배려입니다.

사람은 누군가에게 도움을 받는 것도 마음의 준비가 필요합니다. 마음의 준비를 마칠 때까지 기다리지 않고 자신의 정의감만으로 상대의 마음속에 있는 연약하고 예민한 부분을 함부로 밟고 들어서는 것은 그 사람의 마음을 상처 입히는 행위입니다.

가족 문제로 힘들어하고 있는 사람과 선의로 개입하려는

사람, 모두에게 저는 일단 그런 상황일 수도 있다는 사실을 알아 달라고밖에 말할 수 없습니다. 양쪽 다 오랜 세월 동안 자신의 인생에서 '이것이 세상의 상식이다'라고 굳게 믿었을지도 모르니까요.

일반적으로 걱정해서 내미는 손을 뿌리치는 건 잘못된 행동, 악惡이라고 생각합니다. 반대로 걱정하고 손을 내미는 것은 착한 행동, 선善이라고 생각하겠지요. 하지만 **이 세상은 그렇게 정확히 흑과 백으로 가를 수 있을 만큼 단순한 구조로 이루어져 있지 않습니다.**

쉽게 해결되지 않기 때문에 당신은 그렇게나 괴롭고 힘든 거겠죠. 그렇기 때문에 더더욱 다른 사람에게 간섭받지 않을 권리, 남에게 간섭하지 않는 배려를 '알게 되기'를 바랍니다.

기억하기

정말로 도움이 필요하다고 상대가 말할 때까지 기다린다.

습관38

나의 상식으로
다른 사람을 보지 말 것

사람이 100명 있으면 100가지 사고관이 있습니다. 모두가 누군가를 위해서 살고 싶다거나 남들에게 자상하게 대해 주고 싶다고 생각하며 살아가지는 않지요.

당신이 생각하는 이상으로 이 세상에는 악한 사람이 많습니다. 오만하고 자기중심적이며 타인을 업신여기고 비웃는 사람, 속는 사람이 잘못이라며 쉽게 돈만 벌 수 있다면 법을 어기고 속이는 일도 서슴지 않는 사람이 적잖이 있습니다.

따라서 당신이 '내가 구박받는 건 상대를 화나게 할 짓을 했기 때문이니까 내가 잘못한 거야'라든가 '괴롭힘을 당하는 건 나한테도 결점이 있어서 그런 거고, 고치고 싶어'라고 생각하며 무슨 일을 해도, 그 환경이 쉽게 바뀌지 않는 것은 어떤 의미로 '당연'한 일입니다. 상대와 당신의 '상식'이 전혀 다르니까요.

당신의 상식대로 세계가 움직이고 있다고 믿고 세상을 보려고 한다면 이런 사람에게 당신의 배려가 짓밟힐 수도 있습니다.

기억하기

상대가 나와 똑같은 가치관으로 살아가지 않는다는 사실을 인지하자.

습관39

'그 사람만 없었더라면' 하는
생각을 버려라

우리는 "그 사람만 없었더라면"이라는 말을 주변에서 자주 듣습니다. 또 다음과 같은 경우에 그런 말을 하기 쉽습니다.

- 회사 프레젠테이션에서 자신이 아닌 동료의 제안서가 채택되었다
- 동경하는 동아리 선배가 자신의 동기와 사귀다가 결혼했다
- 경품 추첨 이벤트에서 자신의 앞에 줄 선 사람이 1등에 당첨됐다
- 자신의 아이와 성적이 비슷한 동급생이 좋은 학교에 합격했다

하지만 비교하는 대상인 '그 사람'이 설령 없었다 하더라

도 나에게 기회가 찾아올 거라는 보장은 없습니다.

- 다른 동료가 있든 없든 전략을 제대로 짜면 다음 프레젠테이션에서는 자신의 제안서가 채택될지도 모른다
- 동경하는 동아리 선배의 눈앞에 동기가 없더라도 선배는 애초에 당신에게는 눈길도 주지 않을 수 있다
- 앞으로 선배보다 훨씬 멋진 남성과 만날 가능성도 있고 경품뿐만 아니라 고액의 복권에 당첨될지도 모른다

미래의 '좋은 일'을 실현하려는 노력은 하지 않고 현재 상태에서 다른 사람에게 졌다는 패배 의식에 사로잡힌다면 괴롭기만 합니다. 괴로운 원인을 남의 탓으로 돌리는 한, 바닥없는 늪에서 영원히 헤어날 수 없을 것입니다.

행복할 행幸과 괴로울 신辛이라는 한자는 구조로 볼 때 가로획 하나가 더 있고 없고의 차이뿐입니다. 실제로 현실에서도 매사를 어떻게 받아들이냐는 관점 하나로 '행복'도 '괴로움'이 될 수 있으며, 또 '괴로움'을 '행복'으로 만들기도 의외로 간단합니다. '사물을 바라보는 시각을 약간 바꾸는 일'은 막대기 하나를 더하는 것과 다름없지요. 스스로의 고지식한 가치관이 이 낙관적인 사고를 매우 어렵게 하고 있다는 것을 알아야 합니다.

인생에서 수없이 경험하는 이겼다, 졌다 하는 사고는 모두 스스

로 머릿속에서 만들어 낸 환영과의 전쟁에 지나지 않습니다. 냉정하게 생각해 볼 때 이 승패를 결정하는 것은 누구일까요?

자기 자신이겠지요. 그런 환영은 한시라도 빨리 버려야 합니다.

기억하기 행복을 괴로움으로, 괴로움을 행복으로 만드는 건 내 손에 달렸다.

습관40

인생에서 가장 소중한 것은
'나'라는 사실 명심하기

정신과 의사로 일하다 보면 가족 간의 깊은 어둠을 안고 있는 분들과 자주 만나곤 합니다. 심각한 문제로 '부모의 부정적인 감정 배출구로 이용되는 아이들'이 있습니다. 일본어로는 '착취아搾取子'라는 용어로 불립니다.

이를테면 한 쌍의 부부에게 처음 생긴 자녀가 장애를 지니고 태어났다고 합시다. 부모는 늘 아이 곁에서 떠나지 않고 화장실 가는 것부터 식사 챙기는 것까지 상당한 고생을 하게 됩니다. 이때 둘째 아이를 갖는 경우가 비교적 많다고 하는데, 그 이유는 세 가지가 있습니다.

첫째는 아무 생각 없이 아이가 생긴 경우, 또 하나는 건강한 아이를 첫 아이 대신으로 하려는 경우, 마지막으로 자신들이 죽은 뒤에 장애를 지닌 첫 아이를 돌보게 하려고 아이를 갖는 경우입니다. 각각 문제가 있습니다만 착취아가 되는 것은 세 번째 경우입니다. 태어난 아이는 인생의 규칙이 완전히 결정된 상태에서 살아갑니다. 당연히 심각한 고민을 안고 살아갈 수밖에 없지요.

이 아이들은 친구나 주위 사람들과 생활이 너무나도 달라서 '이렇게 해야만 한다'는 상식도 다르기 때문에 마음이 비명을 지르는 일이 자주 일어납니다.

어느 날 불면증 진단을 받은 K씨가 찾아왔습니다. 그는 "장애가 있는 언니를 위해 매월 100만 원을 생활비에 보태야 해서 최근에는 밤에 전혀 잠을 잘 수가 없어요. 그러다 간신히 잠든 날에는 아침에 일어나지 못하기도 하고요"라고 말하며 눈물을 뚝뚝 흘렸습니다.

제대로 잠을 못 자는 날이 계속되다 보니 회사를 쉬는 일도 많아졌고 아르바이트도 못 가게 되었습니다. 그동안 수입의 80퍼센트 정도에 해당하는 100만 원을 필사적으로 집에 보태 왔지만 이제는 그마저도 채울 수 없어 예금까지 깼으나 그래도 유지할 수 없는 상태가 되자 "어쨌든 잠이라도 잘 수 있게 해 주세요"라며 병원을 찾아온 것이었죠.

차분히 이야기를 들어 보니 부모가 딱히 "무슨 일이 있어도 매달 100만 원을 꼭 보내라"고 강요한 건 아닌 모양이었습니다. 저는 우선 일을 그만두고 몸과 마음이 모두 회복될 때까지는 집에 돈을 보내지 말라고 제안했습니다. 하지만 K씨는 "그러면 제가 살아가는 의미가 없어요"라며 또다시 울면서 하소연했습니다. 이 상태에서는 약의 힘을 빌려 잠을 잔다고 해도 회복될 수 없다는 것은 불 보듯 뻔한 일이었지요.

K씨는 자신이 '장애가 있는 언니를 위해서 이 세상에 태어났으니 부모님이 돌아가시면 혼자서 언니를 돌봐야 하고, 그러지 못한다면 살아갈 가치가 없다'고 진심으로 믿고 있었습니다. 그런데 지금 그 가치를 유지할 수 없게 되었고, 죽으면 더욱 도움이 되지 않을 거라는 생각에 괴로워하고 있었습니다. K씨에게 태어날 때부터 주어진 '살아갈 가치'의 설정은 정말로 견디기 힘든 것이었지요.

이때 "나는 내 인생을 살아갈 거야"라고 집을 뛰쳐 나올 수 있는 힘이 있다면 좋겠지만 줄곧 "언니를 위해 살아가거라" 하는 말을 들어온 K씨는 이미 자신의 존재 의의가 '언니를 돌보는 일'이 되어 있었습니다. '나를 위해서 살아간다'는 생각은 머릿속 어디에도 존재하지 않았지요.

실제로 건강을 잃은 것도 그 책임을 다하지 못한 데서 비롯된 것이었습니다. 이 사례에서 잘못한 사람은 K씨일까요?

과거는 바꿀 수 없고 현재도 바꾸기 어렵지만
미래는 바꿀 수 있다

저는 K씨에게 '지금 나는 정신과 의사에게 일을 쉬라는 처방을 받은 탓에 언니를 도와줄 수 없는 상황이다'라는 현실을 받아들이게 하고 조금 휴식을 취하면서 자신의 인생에 대해 다시 생각해 보게끔 했습니다. 특별히 언니를 위해 뭔가를 하는 것은 그만둘 수 없지만 살아가는 의미를 대부분 언니를 위해 설정하게 되면 언니가 만약 어떤 뜻밖의 사태로 세상을 떠날 경우, K씨는 그 후 어떻게 살아가야 할지 몰라 혼란스러울 수 있습니다.

따라서 역시 **인생의 주역은 자기 자신이며, 자신을 최우선으로 여길 것을 스스로 허락해야만 합니다.**

"최우선해야 할 것은 나의 인생이다"라는 사실을 깨닫는다면, 그런 뒤에 다시금 무리 없는 범위에서 자신이 언니에게 무엇을 해 줄 수 있는지를 생각하면 되는 것입니다.

사람은 과거를 바꿀 수는 없으며 현재도 좀처럼 바꾸기 어렵습니다. 하지만 미래는 바꿀 수 있습니다. 정신과 의사뿐만 아니라 누군가의 말 한마디로 사고방식의 축이 크게 달라지는 일은 얼마든지 있습니다. 다만 그때 달라진 사고를 '바람직하지 못한 일'로 거부하지 말고 받아들여서 좋은 방향을 향해 가게끔 스스로에게 허락해 주어야 하지요.

　누군가의 미래를 바꾸기 위한 구실을 만드는 데 의사가 개입해 도와줄 수 있고 그로써 마음이 편해진다면, 그것은 의사인 저의 소망이기도 합니다.

　나에게는 괴로운 미래밖에 없다는 저주로부터 용기를 내빠져 나오세요. 그리고 내 인생에서 가장 소중한 것은 나 자신이라는 사실을 절대 잊지 마세요.

지금부터라도 '내 인생'을 살아가면 된다.

인생에 승패란 없다

사실 여러분의 인생에 이기고 진다는 개념은 전혀 존재하지 않습니다.

우리는 자주 스스로 만든 규칙으로 '승리'와 '패배'를 구분하고 이기지도 않은 일로 기뻐하고 지지도 않은 일로 괴로워하고 있을 뿐이지요. 내가 결정한 승패의 세계에서 탈출할 수 있다는 것을 알고 재빨리 용기를 내세요.

마음속에서 생겨난 '져서 분하다'는 감정으로 스스로 목을 조르는 행위를 멈추세요. 애초에 당신이 이기고 진다고 판단하고 있는 상대가 어떤 사람인가요? 그것조차도 당신은 마음대로 가정하고, 진실인 양 믿고, 매일 일희일비하고 있지는 않나요?

제멋대로 만들어 낸 '타인의 가치'를 상대로 혼자 씨름하고 감정에 풍파를 일으키며 괴로워하는 일은 그만두세요. 상상으로 만든 괴로운 싸움은 이제 포기하고 앞으로 펼쳐질 삶에 자긍심을 지니고 살아가세요.

앞으로, 지금부터.

남을 위해서가 아니라 '나'를 위해서 살아가세요. 우선 **나를 알고, 나를 인정하고, 나를 칭찬하고, 나를 허락하세요.** 그것이 당신의 인생을 출발점으로 되돌리는 데 필요한 마음가짐입니다.

괜찮습니다.

반드시 잘될 거예요.

저는 진심으로 그렇게 믿고 있습니다.

마치며

세상은 빠르고, 해야 할 일은 많고, 뭔가 다 못 해내는 것 같은 하루가 쌓여 갑니다. 제대로 하는 것도 없는 나는 쉬어서도 행복해서도 안 될 것만 같지요. 그러다 보면 내가 뭐 하러 살고 있나, 내 삶이 무슨 의미가 있나 하는 생각마저 듭니다. 이런 반복 속에서 괴로움은 점차 커집니다.

'어떤 삶을 살 것인가'와 '삶을 어떻게 살 것인가'는 의외로 다른 질문입니다. 저는 '삶을 어떻게 살 것인가'가 좀 더 열려 있고, 적응적인 질문이라고 생각합니다. 태어났으니 살게 되는 삶에 특별한 의미가 있는가, 효용이 있는가는 사실 너무 큰 질문이지요. 그보다는 오늘, 내가 속한 곳에서 내가 무엇을 보고 내가 어떻게 느꼈는지가 더 중요합니다. 어쩌면 그게 삶의 전부니까요.

　하지만 많은 사람이 가족, 회사, 친구 등 주변 관계에 따라 여러 역할을 하며 때와 장소, 상황에 맞는 가면을 쓴 채 살아가기 바쁩니다. 즐거운 식사나 뿌듯한 휴식과 같은 삶의 가장 기본인 '나를 위한 일'에는 소홀한 채 말이지요. 때로는 타인의 시선을 지나치게 의식한 나머지 원치 않는 가면을 억지로 쓰기도 합니다.

　저자는 자기 자신을 돌보는 방법으로 "의태"라는 새로운 개념을 제시합니다. 이는 타인의 시선에 영향을 받는 기존의 가면 쓰기와는 달리, 생명이 자신을 보호하기 위해 원하는 동작을 취했다 풀 수 있는, 자기 통제감을 지닌 주도적 행동이지요. 곤충이 위험한 세상에 적응해 나가기 위해 보호색을 입듯이 사람은 의태에 능숙해짐으로써 저마다의 이유로 괴로운 삶을 나름대로 행복하게 살아 나갈 수 있습니다.

　그리고 꼭 기억하세요. '모든 행동은 나 자신을 위한 것'이어야 합니다. 이기적이라고요? 적절한 이기심은 나쁜 것이 아닙니다. 세상 누구나 이기심 없는 이타심만으로는 살 수 없습니다. 비행 시 위급 상황에서 자신이 먼저 산소마스크를 써야 옆 승객을 도울 수 있는 것처럼요. 자신을 마음 깊이 위할 줄 아는 사람이 타인의 어려움에도 깊숙이 공감할 수 있습니다.

책에서 소개하는 멘탈 보호를 위한 40개의 습관 중 내게 맞는 방법은 무얼까 시도해 보고 찾아보시기를 바랍니다. 붙여 보면 붙여 본 만큼 남습니다. 실패해도 괜찮아요. 어차피 나만 알고 있으니까요. 그렇게 찾은 습관이 오늘 나를 행복하고 안전하게 만들어 줄 뿐 아니라 나와 타인을 연결해 줄 거예요. 스스로를 허락하는 삶을 살아 보고, 나아가 조금씩 행복에 가까워지시기를 마음 깊이 응원합니다.

———————— 안주연, 정신과 전문의·《내가 뭘 했다고 번아웃일까요》 저자

내가 살면서 만난 빛나는 사람들에게는 공통점이 하나 있었다. 그것은 뛰어난 재능이나 타고난 매력이 아닌, 세상이 말하는 행복 대신 자신만의 기준으로 하루하루 행복을 발견하고 또 만들어 나간다는 점이었다.

행복은 오직 '성공'이라는 하나의 목표를 주입당하고 자라나는 사이 우리는 점차 병들어 간다. 이것이 문제라는 것을 모두가 알고 있지만 대부분 적극적인 해결 방안을 찾기보다는 '저 사람은 했는데 나는 왜 이것밖에 안 되지?' 하며 손쉽게 '못난 나'를 탓하고 만다. 나를 칭찬하기는 어려워도 나를 부정하기는 쉬운 법이니까. 이내 타인의 평가가 두렵고 실패가 무서워서 시도조차 하지 않으려는 어른이 되어 가고, 또 그 모습에

매일 마음이 무너지기 십상이다.

　나 역시 그런 어른이 되어 가고 있는 건 아닐까, 때때로 마음이 무겁던 요즘 이 책을 만났다. "실패는 다음으로 이어지는 기회"라는 저자의 말이 몹시 위로가 됐다. 무리하지 않는 방식으로 관점을 전환해 스스로를 마주할 수 있게 도와준다. 좀처럼 마음대로 되지 않는 삶 속에서 허우적대는 사람에게 꼭 필요한 책이다.

〰〰〰〰〰〰 **최서영, 자기계발 유튜버·《잘될 수밖에 없는 너에게》 저자**